LES LOIS FOLLES
DE LA RÉPUBLIQUE

Du même auteur :

Les Constituants de l'Eldorado ou la république de Counani, Plein Chant (1997)

L'État c'est moi. Histoire des monarchies privées, principautés de fantaisie et autres républiques pirates, Les Éditions de Paris-Max Chaleil (1997)

Le Feu follet de la République. Philibert Besson, député, visionnaire et martyr, Éditions Guénégaud (1999)

La Chambre ardente. Aventuriers, utopistes, excentriques du Palais-Bourbon, Les Éditions de Paris-Max Chaleil (2001) et CNRS Éditions (2020)

Victor Hugo président ! Les Éditions de Paris-Max Chaleil (2002) et CNRS Éditions (2021)

L'Île à éclipses. Histoire des apparitions et disparitions d'une terre française en Méditerranée, Les Éditions de Paris-Max Chaleil (2003) et CNRS Éditions (2019)

Jules Verne en verve, Éditions Horay (2004)

Les Quinze mille. Députés d'hier et d'aujourd'hui, Éditions Horay (2005)

La Police des écrivains, Éditions Horay (2006) et CNRS Éditions (2020)

Votez fou ! Candidats bizarres, utopistes, chimériques, mystiques, marginaux, farceurs et farfelus : de 1848 à nos jours, les élus auxquels vous avez échappé, Éditions Horay (2007)

Dans les secrets de la police. Quatre siècles d'Histoire, de crimes et de faits divers, L'Iconoclaste (2008)

La Parlotte de Marianne. 1 000 mots d'argot politique, Éditions Horay (2009)

Présentation du *Dictionnaire de la racaille*, manuscrit inédit du commissaire Adolphe Gronfier, Éditions Horay (2010)

(Suite des livres de Bruno Fuligni en fin d'ouvrage.)

www.editions-jclattes.fr

Bruno Fuligni

LES LOIS FOLLES DE LA RÉPUBLIQUE

JC Lattès

Maquette de couverture : LaLégende/Thierry Feuillet

ISBN : 978-2-7096-6769-2

Première édition septembre 2021

En politique, une absurdité n'est pas un obstacle.

NAPOLÉON Ier

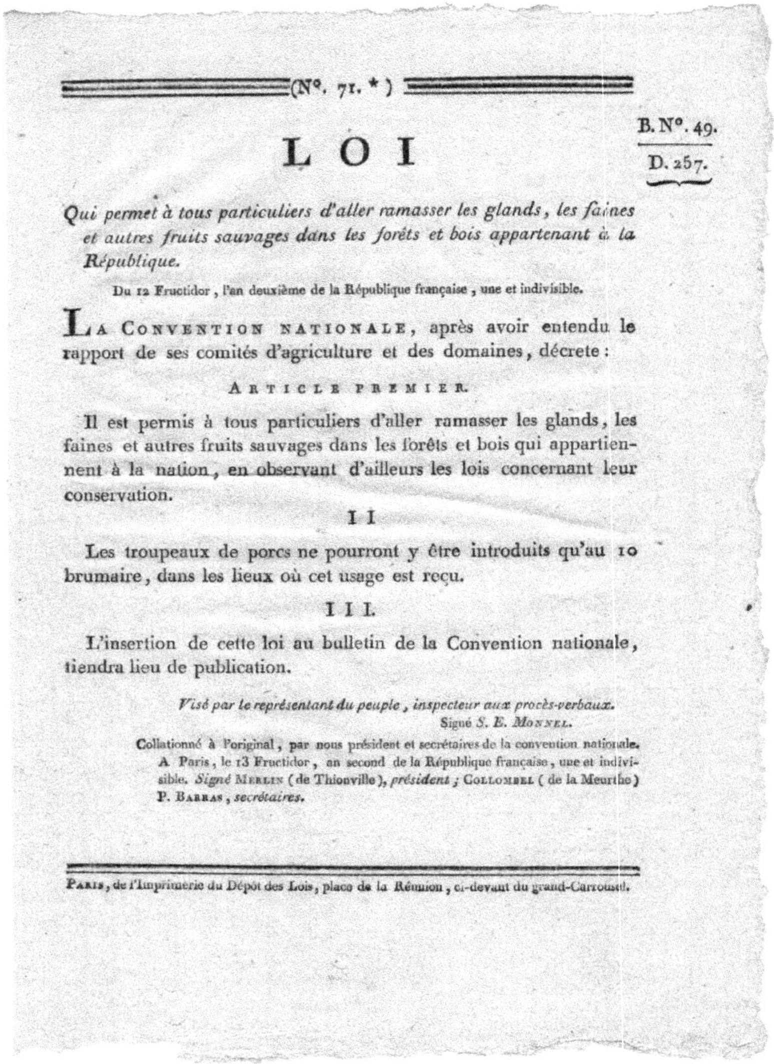

(N°. 71. *)

B. N°. 49.

D. 257.

LOI

Qui permet à tous particuliers d'aller ramasser les glands, les faînes et autres fruits sauvages dans les forêts et bois appartenant à la République.

Du 12 Fructidor, l'an deuxième de la République française, une et indivisible.

La Convention nationale, après avoir entendu le rapport de ses comités d'agriculture et des domaines, décrete :

Article premier.

Il est permis à tous particuliers d'aller ramasser les glands, les faines et autres fruits sauvages dans les forêts et bois qui appartiennent à la nation, en observant d'ailleurs les lois concernant leur conservation.

II

Les troupeaux de porcs ne pourront y être introduits qu'au 10 brumaire, dans les lieux où cet usage est reçu.

III.

L'insertion de cette loi au bulletin de la Convention nationale, tiendra lieu de publication.

Visé par le représentant du peuple, inspecteur aux procès-verbaux. Signé *S. E. Monnel.*

Collationné à l'original, par nous président et secrétaires de la convention nationale. A Paris, le 13 Fructidor, an second de la République française, une et indivisible. *Signé* Merlin (de Thionville), *président ;* Collombel (de la Meurthe) P. Barras, *secrétaires.*

Paris, de l'Imprimerie du Dépôt des Lois, place de la Réunion, ci-devant du grand-Carrousel.

Loi du 12 fructidor an II (29 août 1794) « qui permet à tous particuliers d'aller ramasser les glands, les faînes et autres fruits sauvages dans les forêts et bois appartenant à la République ».

Chapitre Ier

DU DROIT IMPRESCRIPTIBLE DE GLANDER

Il existe une loi de la République nous autorisant à ramasser des glands en forêt. J'en tiens un exemplaire à la disposition des sceptiques. Très précisément, il s'agit de la loi du 12 fructidor an II, soit le 29 août 1794 : mois de la fructification estivale, fructidor inspira aux membres de la Convention nationale ce texte « qui permet à tous particuliers d'aller ramasser les glands, les faînes et autres fruits sauvages dans les forêts et bois appartenant à la République », comme l'indique expressément son titre.

On pourrait sourire de ce texte en apparence dérisoire, ou de sa précision technocratique avant la lettre, et pourtant il mérite le respect. En effet, pour les paysans pauvres, pour les miséreux qui habitaient autrefois les campagnes sans y posséder de terres, ramasser glands et faînes n'avait rien d'un loisir frivole : c'était une question de survie.

Certes, nos ancêtres les manants ne mangeaient pas eux-mêmes ces amères productions de la nature, tombées du chêne et du hêtre, mais ils pouvaient en nourrir leur cochon et ainsi, une fois l'an, tuer ce garde-manger vivant qui leur procurait, par son sang et sa chair, l'apport protéique indispensable des livres de boudin, côtes, jambons, saucisses ou autres charcutailles salées et fumées dont la consommation allait s'étaler sur douze mois.

De l'avis général, les cochons nourris aux glands sont infiniment meilleurs, plus gras, plus savoureux, que les immondes verrats qui ont dû se repaître des ordures de la communauté villageoise. C'est pourquoi, de temps immémorial, ramasser des glands ou avoir le droit de conduire ses cochons en forêt constitua un enjeu vital, en même temps qu'une tâche somme toute agréable et peu fatigante, au regard des travaux des champs. De là vient notre verbe « glander », si déprécié de nos jours, et qui renvoie pourtant à l'une de nos plus anciennes libertés, antérieure même au droit écrit des Romains, déjà pratiquée dans la vaste forêt gauloise. C'est le vieux « droit de glandage », ou « panage », antique exception au droit de propriété, tout comme l'affouage autorise à ramasser du bois mort en forêt et le glanage à ramasser des végétaux comestibles abandonnés dans les champs. Des générations de pauvres gens, des siècles durant, ont survécu grâce à ces libertés archaïques dont la loi du 12 fructidor an II donna la première expression moderne, c'est-à-dire écrite, générale et impersonnelle.

En effet la Convention, « après avoir entendu le rapport de ses comités d'agriculture et des domaines », a décidé qu'il était « permis à tous particuliers d'aller ramasser les glands, les faînes et autres fruits sauvages dans les forêts et bois qui appartiennent à la nation, en observant d'ailleurs les lois concernant leur conservation ». Ce droit, toutefois, n'est pas absolu : il ne s'applique qu'aux forêts domaniales et non aux propriétés privées, et ne vaut qu'une partie de l'année, aux brumes automnales : « Les troupeaux de porcs ne pourront être introduits qu'au 10 brumaire[1], dans les lieux où cet usage est reçu. »

La référence aux « usages » montre aussi que cette loi révolutionnaire puise tout de même ses sources dans les anciennes coutumes, très variables entre les ci-devant provinces, désormais retaillées en départements. Générale et impersonnelle, la loi n'en tient pas moins compte des habitudes locales dont l'appréciation est laissée aux juges, ce qui n'est pas juridiquement pur. Les paysans de l'an II, quant à eux, ne se posèrent pas ce problème de hiérarchie des normes : ils acquéraient un droit d'autant plus substantiel que, par l'abolition des privilèges puis la confiscation des biens des émigrés, l'étendue des « forêts et bois appartenant à la République » s'était considérablement accrue, pour le plus grand bonheur des cochons et des « glandeurs » chargés de les conduire au panage.

Sous la féodalité en effet, le « droit de glandée » était plus strictement limité. Non seulement il variait d'une province à l'autre, d'un bailliage à l'autre, voire entre les paroisses, mais nombre de forêts royales ou seigneuriales comprenaient des parcelles « en défens », autrement dit défendues d'accès aux porcs, truies et porcelets de ces malandrins de crève-la-faim qui devaient trouver à glander ailleurs.

---

1. Selon les années, le 31 octobre ou le 1er novembre.

Dame ! il fallait bien laisser place aux sangliers, biches, cerfs, chevreuils dont les aristocrates avaient seuls le droit de chasse, jusqu'aux lois égalitaires de la Révolution.

Celle du 12 fructidor an II est-elle toujours en vigueur ? Non, car il y eut la Restauration et avec elle la rédaction du code forestier de 1827, qui restreignit drastiquement les prélèvements autorisés. L'esprit réactionnaire du temps, mais aussi les nouveaux besoins en bois créés par la révolution industrielle, tendirent à dissuader les populations d'errer sous les futaies. L'affouage fut si fortement réprimé que l'entrée en vigueur du code suscita une étrange guerre civile dans les Pyrénées, singulièrement en Ariège : la « révolte des Demoiselles », ainsi nommée parce que les montagnards s'affublaient de vêtements féminins et de perruques en paille, afin d'attaquer *incognito* les gendarmes et les gardes forestiers.

Remanié dans sa forme en 1973 et plus profondément en 2012, le code forestier reste très favorable aux propriétaires, et l'apparition en l'an 2000 d'un code de l'environnement n'a pas encouragé les cueillettes sauvages dans les espaces naturels. Si les glands et faînes ne préoccupent plus grand monde aujourd'hui, la question se pose avec acuité s'agissant des champignons. L'existence d'espèces vénéneuses, que peu de gens savent reconnaître de nos jours, combinée au souci de préserver la biodiversité, ont conduit à édicter un droit mycologique si complexe qu'il faudrait aujourd'hui se munir d'un recueil juridique de cent trente-deux pages pour être sûr de ramasser des champignons en toute légalité[1]. En résumé, un promeneur qui cueillerait à l'improviste un champignon dans une forêt dont il ne serait pas lui-même propriétaire, ou dans une forêt communale dépendant d'une municipalité où il ne serait pas contribuable, s'exposerait actuellement à de sérieux ennuis !

C'est ce que rappelait Dominique de Villepin lui-même, lorsqu'il était ministre de l'Intérieur, en répondant à la question d'un sénateur : « La cueillette des champignons sauvages est d'ores et déjà encadrée par des dispositions législatives et réglementaires. Ainsi l'article R. 331-2 du code forestier prévoit que l'enlèvement non autorisé de champignons donne lieu à une amende qui peut atteindre 3 000 euros ; en outre, des dommages-intérêts peuvent être réclamés aux contrevenants. [...]

« Par ailleurs, en application des articles R. 212-8 et suivants du code de l'environnement, les préfets des départements sont habilités à soumettre à autorisation ou à interdire, par des arrêtés permanents ou temporaires, le ramassage ou la récolte et la cession à titre gratuit ou onéreux de toute espèce de champignon non cultivée. Le Gouvernement n'envisage pas de prendre de mesures supplémentaires dans ce domaine qui relève du libre exercice du droit de propriété[2]. »

---

1. Michel Lagarde, *La Loi et le champignon forestier*, chez l'auteur, 2015.

2. *Journal officiel*, Sénat, 2 décembre 2004, p. 2761.

En effet, contrairement au gibier qui est *res nullius* (bien de personne), « les fruits naturels ou industriels de la terre appartiennent au propriétaire par droit d'accession », comme le précise l'article 547 du Code civil. « Ramasser des champignons chez autrui c'est du vol », rappelle sur son site le Centre national de la propriété forestière (CNPF), qui précise que l'article 311-1 du Code pénal selon lequel « le vol est la soustraction frauduleuse de la chose d'autrui » s'applique pleinement aux champignons, ainsi qu'à « toutes les sortes de cueillettes : petits fruits, glands, faînes, bois morts, fleurs, etc. »

Depuis l'entrée en vigueur du nouveau code forestier, le 1er juillet 2012, il n'existe plus de seuil en dessous duquel la récolte serait tolérée. Ainsi, d'après l'article R. 163-5 dudit code, une récolte sans autorisation inférieure à 10 litres est passible d'une amende de 750 euros. Au-dessus de 10 litres, et quel que soit le volume pour les truffes, la partie de campagne peut coûter jusqu'à 45 000 euros d'amende et trois ans d'emprisonnement. Cette peine peut même être portée à 75 000 euros d'amende et cinq années d'emprisonnement en cas de cueillette en réunion, dégradations ou violences, considérées comme circonstances aggravantes.

Dans les forêts publiques, l'article R. 163-5 du code forestier précise que « sauf s'il existe une réglementation contraire, l'autorisation est présumée lorsque le volume prélevé n'excède pas 5 litres », mais cette tolérance ne s'applique pas aux truffes, et au-delà, la règle est la même qu'en forêt privée.

Sur les terrains communaux, définis par l'article 542 du Code civil comme « ceux à la propriété ou aux produits desquels, les habitants d'une ou plusieurs communes ont un droit acquis », la cueillette de champignons, fruits, fleurs, glands et faînes reste loisible, mais seulement aux habitants de la commune. Malheur au Parisien de passage qui se saisirait d'un rosé des prés, si du moins il n'a pas une résidence secondaire sur place. En effet, dans un arrêt n° 82234 rendu le 31 mai 1989, le Conseil d'État a jugé illégale la délibération d'un conseil municipal qui réserve le bénéfice d'une carte annuelle de ramassage des champignons sur les biens communaux aux seuls habitants permanents de la commune : ceux qui ont une résidence temporaire ou secondaire dans la commune y ont également droit.

Ajoutons à ce juridisme foisonnant les statuts particuliers des parcs nationaux ou régionaux et des zones protégées, où peuvent exister des conventions ou des arrêtés réglementant la cueillette. Celle des champignons peut en outre être réglementée par arrêté préfectoral, dans les départements où les champignons ne sont pas protégés par la loi, au titre de l'article L. 411-1 du code de l'environnement relatif à la préservation du patrimoine biologique. « Il convient donc de se renseigner en mairie du lieu du ramassage ou en préfecture, si un tel arrêté existe, prévient le CNPF.

« Il peut, en effet, être arrêté, en application de l'article R. 212-8 du code de l'environnement, une liste de champignons dont le ramassage et la cession à titre gratuit ou onéreux sont soit interdits, soit autorisés dans certaines conditions sur tout ou partie du territoire et pour des périodes déterminées. »

L'article L. 411-1 du code de l'environnement protège spécialement des cueilleurs les végétaux présentant un intérêt scientifique particulier ou dont les nécessités de la préservation du patrimoine biologique justifient la conservation.

Enfin, la commercialisation des champignons cueillis est quatre fois interdite, par l'article L. 163-11 du code forestier et trois articles du code de l'environnement (L. 411-1, L. 412-1 et R. 212-8). Par un étrange retour du temps, les vieux « défens » de la féodalité retrouvent une vigueur nouvelle au XXIe siècle.

Ainsi, la République reconnaît explicitement le droit de glander, mais au sens ancien, dans le code forestier, et ce de manière bien plus restrictive qu'en fructidor an II. Heureusement, il est un droit de glander plus imprescriptible, qui est celui de l'esprit : le droit de partir à la glandée dans l'opaque forêt du droit, de vaquer à travers l'histoire et d'y glaner ces restes de législation, ordonnances oubliées, décrets bizarres, normes tordues et controuvées comme des branchages tombés du vieux chêne de la justice royale… Depuis des années, j'erre ainsi, non en juriste sévère et grave, mais en cueilleur impuni, en parfait glandeur, ramassant impunément ces fruits étranges de l'arbre social.

Chapitre II

CONTRAT D'ASSASSINAT

Parmi les glandeurs sublimes du bitume parisien, Roland Dorgelès trouva intuitivement, dans le Montmartre interlope d'avant-guerre, l'une de ces failles profondes du droit français qui laissent deviner l'absurdité des codes.

Le romancier de la dèche, ami des arsouilles et des gouapes, aimait à frayer parmi les mauvais garçons, sans du tout en être un lui-même. Farceur-né, rédacteur au *Canard enchaîné*, il eut un jour la fantaisie de passer dans la presse une petite annonce bien ténébreuse, ainsi rédigée :

> On demande homme fort et résolu pour besogne délicate et bien payée.

À l'adresse du journal, une cinquantaine de réponses lui parvinrent, moins bien tournées sans doute ; une cinquantaine de costauds plus ou moins louches, maniant la plume moins souvent que le surin, demandaient des détails sur cette « besogne » et, plus encore, sur sa rémunération.

Dorgelès retint vingt-six candidats, auxquels il répondit par écrit : « Ils furent informés que l'entreprise était délicate, voire pénible, que l'expédition ne demanderait qu'une heure et serait payée dix mille francs – une fortune pour l'époque », résume l'*Encyclopédie des farces et attrapes et des mystifications.*

Six vrais durs, gibiers de bagne, chourineurs au clair de lune et étrangleurs tatoués, confirmèrent leur intérêt pour l'affaire et Dorgelès leur donna rendez-vous, le même jour, à la même heure, dans le même bistrot populeux du boulevard Rochechouart. Il s'y rendit, sans signe distinctif, et sirota son apéritif au bar en frissonnant d'aise à l'idée qu'il y avait, dans ce café, « au moins six assassins »...

Roland Dorgelès n'avait rien d'un fin juriste, mais il devinait que ce frôlement de marlous ne lui vaudrait aucun ennui. Car rien de ce qu'il avait fait n'était punissable en soi.

En effet, le Code pénal français ne prévoit aucune peine, même légère, pour celui qui cherche à recruter un tueur à gages, ni d'ailleurs pour ceux qui lui proposeraient leurs services. Le « contrat d'assassinat » n'expose en lui-même à aucune sanction, et tant qu'il n'est pas conclusif, ceux qui l'ont négocié ne risquent absolument rien.

Comme l'explique un éminent professeur de droit, avec cet humour à froid qu'autorise l'érudition, « un semblable contrat, aux termes duquel le donneur d'ordre s'engage à verser telle rémunération et le sicaire à assassiner telle personne, s'analyse en un contrat d'entreprise, nul à raison de l'illicéité de son objet[1] ». Autrement dit, portant sur une transaction contraire à la loi, il serait tenu pour nul et non avenu en cas de contestation devant le tribunal de commerce… « Cette sanction civile ne saurait toutefois présenter un caractère dissuasif suffisant ; aussi doit-elle être confortée par une sanction pénale. Or à cet égard notre droit positif présente d'étranges insuffisances, de curieuses lacunes. »

Contrairement au droit chinois classique, qui frappe « l'auteur de l'idée du meurtre prémédité », notre Code pénal « voit dans l'exécutant l'auteur principal et dans l'instigateur un simple complice. Cette analyse archaïque ne permet notamment pas de poser aux jurés des questions rédigées dans des termes reflétant exactement notre actuelle conception de la responsabilité individuelle. »

Aussi incroyable que cela puisse paraître, aucune disposition légale ne permet de sanctionner la simple existence d'un contrat d'assassinat, prouve donc le professeur Doucet : « Supposons qu'une nouvelle Frédégonde envoie deux de ses séides assassiner le fils de Brunehaut, et qu'ils soient démasqués avant même d'avoir pu dresser leur plan d'attaque. L'autorité judiciaire (écartons ici l'aspect public du complot) se trouverait fort embarrassée. Le seul texte légal qui s'offrirait à elle serait en effet l'art. 265 du Code pénal visant l'association de

1. J.-P. Doucet, « Le Contrat d'assassinat » in *Gazette du Palais*, 1982, II, Doct. 502.

malfaiteurs. Or cette incrimination s'adapte mal à la situation puisqu'elle suppose traditionnellement l'existence d'un groupe organisé et la perspective de plusieurs crimes. La nouvelle rédaction de l'art. 265, donnée par la loi du 2 février 1981, ne serait d'ailleurs probablement pas plus applicable, puisque ses auteurs ne semblent pas s'être dégagés de l'idée d'association.

« Mais c'est l'insuffisance de la législation pénale relative à la période pré-contractuelle qui surprend le plus. Ni le fait de solliciter les services d'un tueur à gages, ni le fait pour un tueur à gages d'offrir ses services, ne tombent en effet sous le coup de la loi française. »

Dans l'affaire Dorgelès d'ailleurs, la police ne s'est manifestée à aucun moment auprès du journal pour s'enquérir de l'auteur de l'annonce, pourtant publique et inquiétante ; elle n'aurait pu l'arrêter, ni même l'interroger, faute de fondement juridique.

Une autre affaire, beaucoup plus sérieuse, secoua ainsi le monde de l'art à la fin des années 1950. Ancienne fille de vestiaire, la belle Domenica avait successivement vampé le collectionneur Guillaume et l'architecte Walter ; pour empêcher le premier de léguer sa collection de tableaux précieux à une fondation, elle lui avait donné un fils, Paul, que le second croyait de lui. Les deux hommes avaient fini par mourir, et le jeune Paul devenait gênant, lui qui pouvait prétendre à la succession de l'un comme de l'autre. Domenica Walter, qui en réalité avait acheté cet enfant abandonné auprès d'une entremetteuse, décida de le sortir du champ et, avec un de ses frères, recruta un tueur à gage pour l'éliminer.

Camille Rayon, un ancien légionnaire, accepta l'argent et empocha le premier versement, mais au lieu de passer à l'action, avertit le jeune homme en danger, ainsi que la justice. Alors que les visées meurtrières de Domenica Walter et de son frère ne faisaient aucun doute, il ne fut pas possible de punir les auteurs de ce plan monstrueux, l'assassin stipendié n'ayant assassiné personne. Comme l'observe J.-P. Doucet, « il nous manque manifestement un délit d'instigation individuelle non suivi d'effet »...

Ainsi, il est aujourd'hui plus risqué en France de ramasser un champignon en forêt que d'ourdir l'assassinat d'un être humain. Les défenseurs des codes expliqueront doctement que c'est normal, le droit n'étant pas la morale ; que dans un État libéral, on ne pénalise pas l'intention, mais ce qui est effectivement commis, et qu'à cette aune le champignon cueilli est plus mort pour la biodiversité que la rentière ciblée de près, mais toujours ingambe. Toutefois, dans l'hypothèse où le contrat d'assassinat déboucherait sur une action concrète et réussie, le juge ne trouverait là qu'un crime de sang commis par deux complices, sans que le recrutement d'un tueur à gages n'alourdisse ni la peine du commanditaire ni la responsabilité de l'exécutant : la préméditation serait facile à prouver, mais la découverte des petites annonces publiées et des correspondances criminelles n'entraînerait aucune circonstance aggravante. On ne pourrait pas même poursuivre pour « crime organisé », le contrat d'assassinat n'étant qu'une convention ponctuelle et sans lendemain qui n'a pas le caractère constant et répétitif d'un gang ; il ne s'agirait pas plus d'un fait commis « en réunion », l'instigateur se gardant bien de se trouver sur les lieux du crime au moment où vient opérer son prestataire. Tueur à gages constitue en somme une activité non répréhensible en France, tandis que ramasseur de champignons expose à des pénalités sévères.

Ce simple constat invite, il me semble, à se pencher avec curiosité sur ce que permet, tolère ou interdit notre droit. Ainsi, le Président de la République n'est pas autorisé à pénétrer dans l'hémicycle de l'Assemblée nationale, mais il a le droit d'entrer à cheval dans la basilique Saint-Jean-de-Latran, à Rome ; il a le pouvoir de marier un mort, et aussi de l'élever à la dignité de maréchal de France. En vertu de textes oubliés, la Légion d'honneur, sur trois générations, peut conférer la noblesse, et les maires ont droit à un uniforme, avec sabre et bicorne à plumes…

De nombreuses lois désuètes subsistent, sans application réelle, comme loi du 30 décembre 1900 « relative à la révision de l'arc méridien de Quito »… Sans oublier la loi du 5 juillet 1903 « relative à l'apprentissage de la dentelle à la main », qui ne s'appliquait qu'aux écoles de filles, la très courtelinesque loi du 26 janvier 1910 « tendant à accorder la restitution du droit de consommation sur le sel employé dans la préparation des conserves de cornichon exportées » ou la loi du 13 juin 1913

« autorisant la pêche à la ligne le 15 juin, lorsque cette date tombe un dimanche »...

Il faudrait aussi faire l'inventaire des textes réglementaires absurdes, qui ne sont pas forcément très anciens. Ainsi, par un bijou de technocratie en date du 10 octobre 2008, il nous est loisible d'éviscérer des ragondins, et même de procéder à cette barbare opération en couple marié ou pacsé – mais pas en union libre... Et en vertu d'un arrêté du 13 juillet 1951 pris au nom de François Mitterrand, « les signes d'hermaphrodisme, l'absence ou la perte du pénis rendent inapte à tout emploi outre-mer »... Pourquoi ?

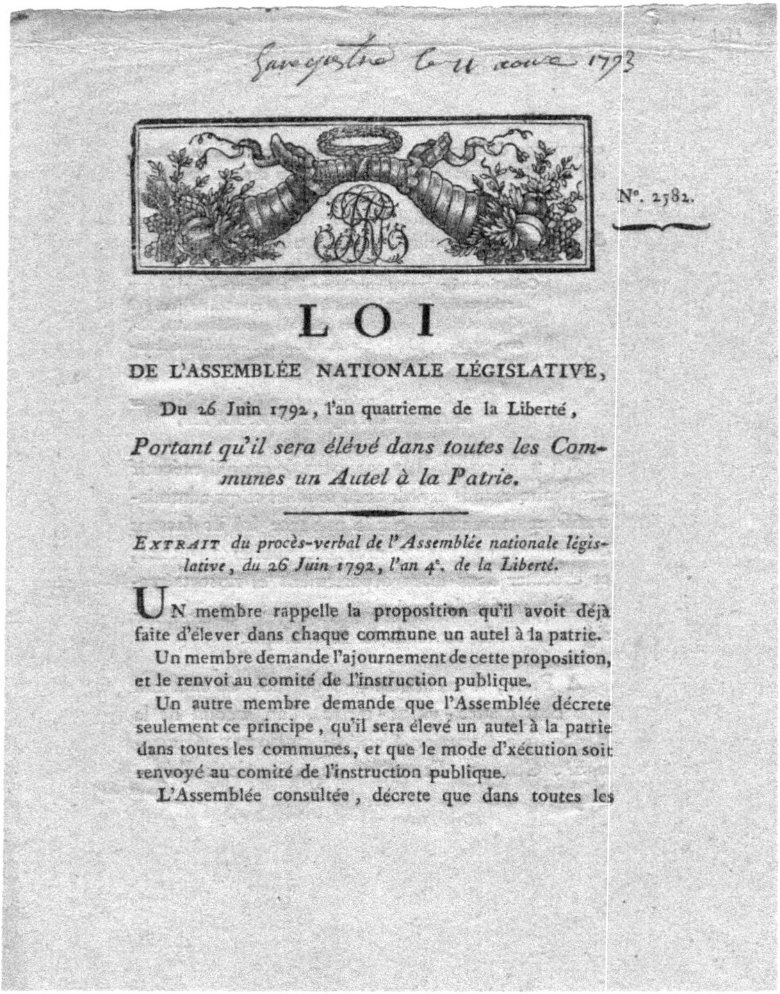

Enregistré le 11 août 1793

N°. 2382.

LOI

DE L'ASSEMBLÉE NATIONALE LÉGISLATIVE,

Du 26 Juin 1792, l'an quatrieme de la Liberté,

Portant qu'il sera élevé dans toutes les Communes un Autel à la Patrie.

EXTRAIT du procès-verbal de l'Assemblée nationale législative, du 26 Juin 1792, l'an 4e. de la Liberté.

UN membre rappelle la proposition qu'il avoit déjà faite d'élever dans chaque commune un autel à la patrie.

Un membre demande l'ajournement de cette proposition, et le renvoi au comité de l'instruction publique.

Un autre membre demande que l'Assemblée décrete seulement ce principe, qu'il sera élevé un autel à la patrie dans toutes les communes, et que le mode d'exécution soit renvoyé au comité de l'instruction publique.

L'Assemblée consultée, décrete que dans toutes les

Loi du 26 juin 1792 « portant qu'il sera élevé dans toutes les Communes un Autel à la Patrie ».

Chapitre III

AUTELS À LA PATRIE

Les lois françaises ne sont pas faites pour être appliquées, mais pour être admirées.

En 2021, le droit français comptait en effet 89 185 textes législatifs, totalisant 7,7 millions de mots – ce qui, rassemblé en un seul code, représenterait un livre de plus de 23 000 pages… Le temps de lire une telle somme, la législation aurait déjà changé, et il resterait encore à ingurgiter pas moins de 242 663 textes réglementaires… Rien de rationnel ne peut justifier pareille frénésie normative et il faut chercher les motivations ailleurs, dans ce qui pousse l'être humain à travailler de la sorte.

Goût du pouvoir, volonté de puissance ? Sans doute, car rien n'est grisant comme de dire le droit, d'autoriser ou d'interdire, et chaque secrétaire d'État veut fort légitimement sa réforme, chaque parlementaire peaufine sa proposition de loi, le plus petit maire mûrit son arrêté municipal vengeur – et le plus libéral des cadres, lâché dans son entreprise, se laisse volontiers aller à proclamer sa charte de la qualité relationnelle ou de l'écoresponsabilité au bureau, fièrement affichée près de la machine à café… Car il entre aussi, dans cette passion de la norme, une forme de satisfaction intime, à la fois vaniteuse et altruiste, généreuse autant qu'impérieuse, qui ressemble à un plaisir d'auteur.

Et si nos lois, décrets, arrêtés, circulaires, étaient tout simplement des œuvres ? Et si leurs auteurs ne demandaient qu'à être félicités, louangés, admirés, pour la beauté de leurs édits et la grâce de leur prose paperassière ? Un droit si abondant que le nôtre, et si mobile, ne saurait être appliqué à la lettre ; il a d'autres fonctions, sociales sans doute, artistiques peut-être, comme le suggère par exemple le cas d'un législateur oublié, Benoît Decomberousse.

Né en 1754, cet avocat de Grenoble avait l'âge des grandes passions quand survint la Révolution de 1789. D'abord député aux États du Dauphiné, il est député suppléant à la Convention où il finit par siéger en 1795. Sous le Directoire, on le retrouve membre puis président du Conseil des Anciens, préfiguration du Sénat. Auteur de tragédies lyriques qu'il peine à faire jouer, il se rabat sur l'écriture du droit et multiplie les initiatives originales, proposant par exemple de proclamer officiellement chaque année le nom du journaliste « le plus utile »…

Nommé président du tribunal criminel de l'Isère et juge au tribunal d'appel de Grenoble, Decomberousse préfère demeurer à Paris où, sous le Consulat, Bonaparte le nomme membre du Bureau de consultation et de révision des lois. Une belle sinécure pour ce magistrat lettré, qui peut enfin se consacrer à son grand œuvre : *Le Code Napoléon mis en vers français*, qui en plus de dix mille alexandrins, fait rimer les 2281 articles du Code civil…

La loi reçoit partout son exécution,
Quand le Prince en a fait la promulgation.
Dans chaque lieu français la loi sera connue,
Dès que la loi du Prince y sera parvenue

proclame-t-il à l'article Ier de ce monument publié en 1811, qui restitue ainsi le Titre V du Code relatif au mariage :

Chapitre VI : *Des droits et des devoirs respectifs des époux*

212 Époux ! vous vous devez, pendant votre alliance,
Fidélité, secours, mutuelle assistance.
213 Mari ! la femme a droit à ta protection ;
Femme ! il faut la payer de ta soumission.
214 La femme habitera le marital asile,
Et s'il plaît au mari, changeant de domicile,
De porter sa demeure en différents séjours,
La femme est obligée à l'y suivre toujours.
La femme doit, par lui, toujours être accueillie :
Pour les divers besoins qui concernent la vie,
Il doit tout lui fournir avec discrétion,
Selon ses facultés et sa condition.

Au Titre VI du Code, « Du Divorce », Decomberousse n'en a pas moins de verve :

229 Peut, l'époux accusant sa femme d'adultère,
Du divorce, obtenir le remède sévère.

230 La concubine, objet de cet égarement,
A-t-elle, des époux, le commun logement ?
La femme, en accusant son mari d'adultère,
Peut, du divorce, aussi prendre la voie austère.
231 Par la loi, les époux sont tous les deux admis,
Lorsqu'à l'égard de l'un, par l'autre sont commis
Des sévices, excès, ou des injures graves,
Au droit de demander à briser leurs entraves.
232 Quand la peine infamante atteint l'un des époux,
L'autre peut demander que leurs nœuds soient dissous.

Devenu introuvable, le *Code Napoléon mis en vers français* fut réédité en 1932, avec une préface du grand avocat et bibliophile Maurice Garçon, qui signale de nombreux autres poètes législateurs... Tel le citoyen Rayer, quant à lui versificateur de la Charte constitutionnelle de 1830 :

Art. 1er
Égaux devant la loi, les Français par leurs rangs,
Par leurs titres n'auront aucuns droits différents.

Art. 2
Chacun d'eux contribue et sans dispense aucune
Aux charges de l'État mais suivant sa fortune.

Simples curiosités ? Sans doute, au regard de la grande Histoire ; mais ces travaux qui pour leurs auteurs n'avaient rien d'anodin – Decomberousse consacra onze années de sa vie à son code – trahissent l'ambition folle de tout législateur, qui est d'édicter un texte admirable, dont la perfection formelle autant que l'utilité sociale lui vaudront un peu de gloire.

Il est même permis de se demander si les Français n'ont pas fait la Révolution pour le seul plaisir d'écrire eux-mêmes la loi. Avant 1789 en effet, le recueil des lois du royaume était assez maigre et reposait sur quelques textes austères et majestueux auxquels on ne touchait guère. Quelques-uns ont traversé le temps, d'ailleurs : l'ordonnance de Moulins signée en 1566 par le roi Charles IX est régulièrement citée par le Conseil d'État, puisqu'il faut justifier d'un titre de propriété antérieur à cet édit pour revendiquer un droit sur le domaine public, de même que l'ordonnance de Villers-Cotterêts, prise par François Ier en 1539, est encore invoquée pour défendre l'usage du français dans les actes publics ; et la plus ancienne institution française toujours en activité, la Monnaie de Paris, tire son origine de l'édit de Pîtres, signé par le roi Charles II en l'an de grâce 864…

Après 1789, le législateur se démultiplie ; le monarque doit partager la souveraineté avec une assemblée élue, dont les centaines de membres sont eux-mêmes encouragés et inspirés par des milliers de pétitionnaires, sectionnaires et autres révolutionnaires pleins d'idées. Résultat : plus de vingt mille lois, enthousiastes, fiévreuses, dont la rédaction poétique ou emphatique traduit la ferveur immense. La plupart ne résisteraient pas, aujourd'hui, au contrôle de constitutionnalité, mais en ces temps héroïques du droit, on considérait avec Rousseau la loi comme l'expression de la volonté générale et rien ne lui pouvait faire barrage.

Cette foi en la loi, cette transe législative, on en trouve trace dans l'extraordinaire feuilleton que représente le *Bulletin annoté des lois, décrets et ordonnances* publié sous la monarchie de Juillet par l'avocat Lepec : en seize volumes, chronologiquement, y sont retracées toutes les lois votées « depuis le mois de juin 1789 jusqu'au mois d'août 1830 » et ce travail encyclopédique fait peut-être de l'obscur Me Lepec le plus grand chroniqueur de son temps.

Le premier des textes ainsi recensés n'est autre que la déclaration du 17 juin 1789 par laquelle les états généraux se constituent en Assemblée nationale ; le deuxième, le même jour, est moins connu mais savoureux, puisqu'il s'agit d'un « décret de l'Assemblée portant autorisation de percevoir provisoirement, et jusqu'à sa dissolution, les impôts tels qu'ils sont établis » : révolutionnaires tant qu'on voudra, mais les constituants savent qu'il y a une continuité de l'État et ne veulent pas laisser au contribuable le prétexte des bouleversements en cours pour cesser d'acquitter taille, gabelle et autres taxes féodales... Elles seront bientôt remplacées par d'autres, d'ailleurs, comme le délicieux « impôt sur les portes et les fenêtres » qui induit une forme approximative de proportionnalité, et le jeu législatif ne connaîtra plus de limites.

À côté des grandes lois de la Révolution, combien de textes étranges, échevelés, déclamatoires, comme cette bizarre loi du 25 août 1792 « libérant les pères détenus pour frais de nourrice » ?

Si la loi du 19 janvier 1791 « relative aux ecclésiastiques en démence » se montre encore généreuse, en accordant à ces suppôts de la superstition « un semestre de la pension ou secours annuel qu'ils recevaient précédemment », l'anticléricalisme révolutionnaire est à l'origine de textes plus subversifs, comme le décret du 6 août 1791 « relatif à la fabrication de menue monnaie avec le métal des cloches », ou la loi du 12 septembre 1792 par laquelle « le ministre de l'Intérieur propose d'employer à la fabrication des piques les grilles en fer de différentes maisons religieuses supprimées »...

Le décret du 31 décembre 1791 « portant que l'Assemblée ne recevra et ne fera aucun compliment à l'occasion du jour de l'an » traduit également le désir de sortir de l'ère chrétienne ; il annonce déjà les divers décrets d'octobre 1793 instituant le calendrier révolutionnaire, auxquels un authentique poète, Fabre d'Églantine, l'auteur de la chanson *Il pleut, il pleut bergère*, annexera le tableau agreste des mois dont il avait forgé les noms : vendémiaire, brumaire, frimaire, nivôse, pluviôse, ventôse, germinal, floréal, prairial, messidor, thermidor, fructidor.

Dans leur fièvre, les législateurs de la Révolution oublient parfois que la loi est normalement générale et impersonnelle. Les sieurs Morel et Prudhomme adoptent-ils un comportement suspect ? On vote le 2 mars 1791 une loi « relative au payement des frais occasionnés par le transport des sieurs Morel & Prudhomme des prisons de Besançon dans celles de Paris ». Un roitelet de Maurétanie se montre-t-il indélicat à l'encontre des Français établis au Sénégal ? On approuve le décret « relatif aux vexations que Hamet Moktar, chef de la tribu des Maures Braknas, s'est permises envers les Français ». La loi, au plus fort de la Terreur, ne respectera même pas la séparation des pouvoirs ni l'indépendance de la justice, comme en témoignent le décret de la Convention nationale du 3 octobre 1793 « qui ordonne le prompt jugement de la veuve Capet », ou celui du même jour intense « qui annulle deux jugemens rendus par le tribunal du district d'Amien & le tribunal criminel du département de la Somme, relativement à Jean-Baptiste DAILLY accusé d'avoir demandé une cocarde blanche ; & ordonne de traduire DAILLY au tribunal révolutionnaire ». Ledit Dailly sera condamné à la prison, où il décédera peu de temps après.

Au chapitre des « lois personnelles », c'est-à-dire des actes législatifs ne visant qu'une seule personne ou un petit nombre d'individus clairement identifiés, un coup de chapeau revient au décret du 7 août 1793 par lequel « la Convention nationale déclare, au nom du peuple français, que William Pitt, ministre du gouvernement britannique, est l'ennemi du genre humain »... Une année plus tôt en revanche, à la fin de leur mandat, les membres de la Législative avaient au contraire voulu honorer d'illustres étrangers, ayant combattu pour la liberté, en leur décernant généreusement la nationalité française, par l'extraordinaire décret du 26 août 1792. Parmi les heureux élus : George Washington, alors président en exercice des États-Unis d'Amérique !

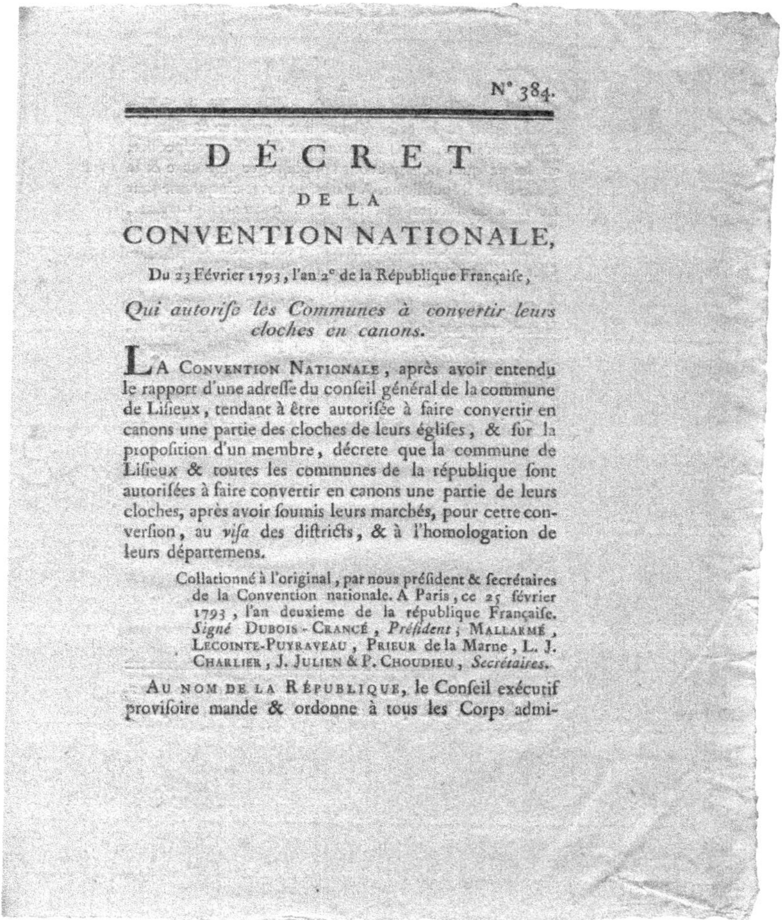

N° 384.

DÉCRET
DE LA
CONVENTION NATIONALE,

Du 23 Février 1793, l'an 2e de la République Française,

Qui autorise les Communes à convertir leurs cloches en canons.

LA CONVENTION NATIONALE, après avoir entendu le rapport d'une adresse du conseil général de la commune de Lisieux, tendant à être autorisée à faire convertir en canons une partie des cloches de leurs églises, & sur la proposition d'un membre, décrete que la commune de Lisieux & toutes les communes de la république sont autorisées à faire convertir en canons une partie de leurs cloches, après avoir soumis leurs marchés, pour cette conversion, au *visa* des districts, & à l'homologation de leurs départemens.

Collationné à l'original, par nous président & secrétaires de la Convention nationale. A Paris, ce 25 février 1793, l'an deuxieme de la république Française. *Signé* DUBOIS-CRANCÉ, *Président*; MALLARMÉ, LECOINTE-PUYRAVEAU, PRIEUR de la Marne, L. J. CHARLIER, J. JULIEN & P. CHOUDIEU, *Secrétaires*.

AU NOM DE LA RÉPUBLIQUE, le Conseil exécutif provisoire mande & ordonne à tous les Corps admi-

Décret du 23 février 1793 « qui autorise les Communes à convertir leurs cloches en canons ».

Imaginerait-on aujourd'hui une loi du Parlement français accordant à Joe Biden la nationalité française, unilatéralement et sans le consulter, ou déclarant Boris Johnson « ennemi du genre humain » ? Certes non, mais la sagesse de nos lois aurait attristé les lyriques législateurs de l'an II pour qui, « au moment où une Convention nationale va fixer les destinées de la France, et préparer peut-être celles du genre humain, il appartient à un peuple généreux et libre d'appeler toutes les lumières et de déférer le droit de concourir à ce grand acte de raison, à des hommes qui, par leurs sentiments, leurs écrits et leur courage, s'en sont montrés si éminemment dignes »...

L'Assemblée offre donc la nationalité française à George Washington à l'instigation de Guadet, l'un de ces législateurs inventifs à qui nous devons aussi la loi du 14 janvier 1792 « qui déclare infâme, traître à la Patrie et coupable du crime de lèse-nation, tout agent du pouvoir exécutif, tout Français qui pourrait prendre part directement ou indirectement, [...] à un congrès dont l'objet serait d'obtenir la modification de la Constitution française »... Ce louable essai de parlementarisme rationalisé n'empêchera pas son auteur de finir sous la guillotine, lui pourtant qui lançait à la tribune cet avertissement aux constitutionnalistes contre-révolutionnaires : « En un mot, marquons une place aux traîtres, et que cette place soit l'échafaud. *(On applaudit.)* »

Dans la même veine répressive, la Convention tenta de limiter les atteintes à la propriété par son décret du 18 mars 1793 « qui prononce la peine de mort contre quiconque proposera une loi agraire ». Le 2 septembre de la même année, elle « ordonne aux corps administratifs et Municipalités de détruire les portraits et effigies des ROIS dans le local de leurs établissements » ; et, peu tendre envers les mauvais citoyens qui prétendent vivre de mendicité au détriment des autres, la Convention adopte aussi ce décret « du 11e jour du 2e mois de l'an second de la République française, une & indivisible », autrement dit, du 11 brumaire an II, ci-devant le 1er novembre 1793, « relatif aux mendiants condamnés à la déportation ». Ces parasites « seront transportés à la partie du sud quart sud-est de l'île de Madagascar, au lieu ci-devant dit le Fort-Dauphin, qui se nommera de ce jour le Fort de la Loi »...

Un texte qui n'aura pas d'application pratique, les Anglais s'emparant bientôt des colonies françaises. Pour tenter de conserver la maîtrise des mers, la République prend un décret « autorisant les Français à armer en course », c'est-à-dire à financer des corsaires, et plusieurs textes aujourd'hui contraires à la législation sur le mercenariat comportent de véritables tableaux chiffrés indiquant quelles sommes doivent être versées pour la prise de navires ennemis, y compris de navires marchands. Ainsi, le décret du 2 février 1793 « accorde des Primes aux Corsaires qui ramèneront des bâtiments ennemis chargés de subsistances »...

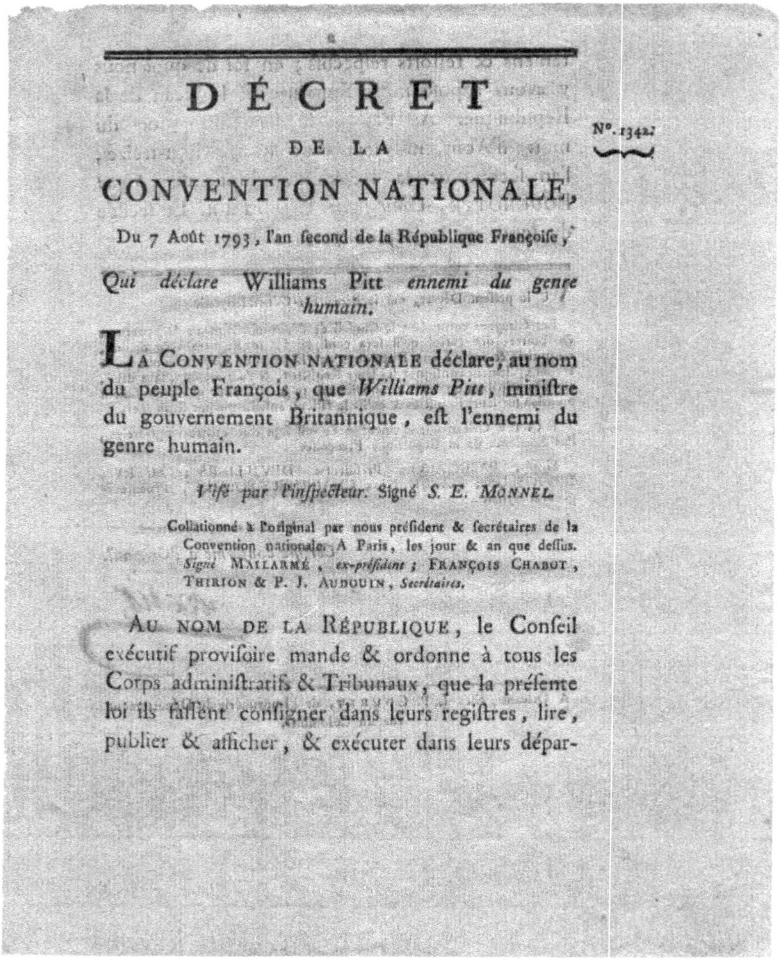

DÉCRET
DE LA
CONVENTION NATIONALE,

Du 7 Août 1793, l'an second de la République Françoise,

Qui déclare Williams Pitt *ennemi du genre humain.*

LA CONVENTION NATIONALE déclare, au nom du peuple François, que *Williams Pitt*, ministre du gouvernement Britannique, est l'ennemi du genre humain.

Visé par l'inspecteur. Signé *S. E.* MONNEL.

Collationné à l'original par nous président & secrétaires de la Convention nationale. A Paris, les jour & an que dessus. *Signé* MALLARMÉ, *ex-président* ; FRANÇOIS CHABOT, THIRION & P. J. AUDOUIN, *Secrétaires.*

AU NOM DE LA RÉPUBLIQUE, le Conseil exécutif provisoire mande & ordonne à tous les Corps administratifs & Tribunaux, que la présente loi ils fassent consigner dans leurs registres, lire, publier & afficher, & exécuter dans leurs dépar-

N°. 1342.

Décret du 7 août 1793 « qui déclare William Pitt ennemi du genre humain ».

Toutes les lois de la Ire République n'ont cependant pas ce caractère épique. Omnipotente, la Convention ne résiste pas à la tentation d'entrer dans le détail et, déjà, les représentants du peuple se prononcent sur des matières vétilleuses : en témoignent le décret du 14 mars 1793 « relatif à l'étoffe des culottes fournies aux volontaires », celui du 4 septembre 1793 portant « défense de délivrer de la viande aux charretiers » auxiliaires des armées, celui du 6 pluviôse an II (25 janvier 1794), « relatif aux fournitures de casques qui se trouveroient de mauvaise qualité », celui du 26 ventôse an II (16 mars 1794) « qui ordonne la remise dans les dépôts de tous les sabres de 30 pouces de lame & au-dessus », ou ce décret préfigurateur de la protection animale qui accorde une retraite agricole aux vieux « chevaux employés au service de la République » et réformés par les armées : « Tous les citoyens auxquels il aura été remis des chevaux recevront une solde de 30 sous par cheval & par jour. Ils ne pourront les employer à d'autres ouvrages qu'aux labours, ni les prêter à peine de 50 livres d'amende... »

La loi, alors, s'immisce dans tous les domaines : le décret du 4 juillet 1793 porte « que les Enfants-trouvés porteront le nom d'Enfants naturels de la Patrie », celui du 2 octobre 1793 réglemente « la pêche du maquereau & du hareng sur les côtes de la République » et celui du 24 brumaire an II « autorise les municipalités et les citoyens à changer de noms, tout en se conformant à la loi ». Ainsi, la ville de *Liancourt* peut prendre le nom d'*Unité-sur-Oise* et la citoyenne *Goux* celui de *Liberté*, contrairement à une proposition défendant que les citoyens ne puissent prendre comme noms propres ceux de *Liberté* et *Égalité*...

Et que dire de la loi du 16 juin 1792, prévoyant « l'élévation dans les communes d'un autel à la Patrie » ? Par ce texte, « l'Assemblée consultée, décrète que dans toutes les communes de l'empire, il sera élevé un autel à la patrie, sur lequel sera gravée la déclaration des droits, avec l'inscription : *Le citoyen naît, vit et meurt pour la Patrie* »... Seulement quatre communes françaises ont encore un de ces autels à la Patrie, inaugurés en grande pompe au plus fort de la Révolution, à l'issue de processions chantantes de jeunes femmes drapées de tricolore, et délaissés ensuite. Angers, un brin réac, a mis le sien dans un musée ; Fontvieille, dans les Bouches-du-Rhône, ne conserve qu'un autel en ruines et Plassac, en Gironde, a surmonté le sien d'une croix, comme s'il fallait expier les audaces révolutionnaires ; seule Thionville entretient civiquement son autel à la Patrie, « Érigé à la mémoire de la Révolution et des conquêtes du peuple français, le 1er vendémiaire an V », classé « monument historique » et complété de nouvelles inscriptions patriotiques après les épreuves de la seconde guerre mondiale. Les autres communes sont-elles en faute, ou bien l'autel de la Patrie de Thionville constitue-t-il une survivance illégale de la Terreur ? Qu'est-ce qui, dans l'abondante législation révolutionnaire, en dehors de ce qui a été repris dans les codes napoléoniens, demeure véritablement du droit exigible ? Il n'est pas toujours simple de le savoir.

De la Révolution il nous reste au moins la Déclaration des droits de l'Homme et du citoyen, citée en préambule de la Constitution et qui fait partie du « bloc de constitutionnalité » ; demeurent aussi des institutions créées par la loi et aussi solides que les communes, les départements, le système métrique, le Panthéon, le musée du Louvre et le muséum d'Histoire naturelle.... Mais quelle valeur accorder aux décrets et lois hétéroclites de ce grand chamboulement des mœurs ? S'applique-t-elle toujours, la loi du 18 mai 1792 « relative à la liquidation des offices de perruquiers », et un maire anticlérical pourrait-il toujours invoquer le décret du 23 février 1793 « qui autorise les communes à convertir leurs cloches en canons » ?

Toutes ces lois oubliées ne furent sans doute, elles aussi, que de modestes autels à la Patrie, élevés par leurs auteurs en hommage à leur idéal, et maintenant tombés en ruines. Le croirait-on ? Parmi les lois emblématiques de la Révolution, même l'abolition de la noblesse n'a pas été définitive.

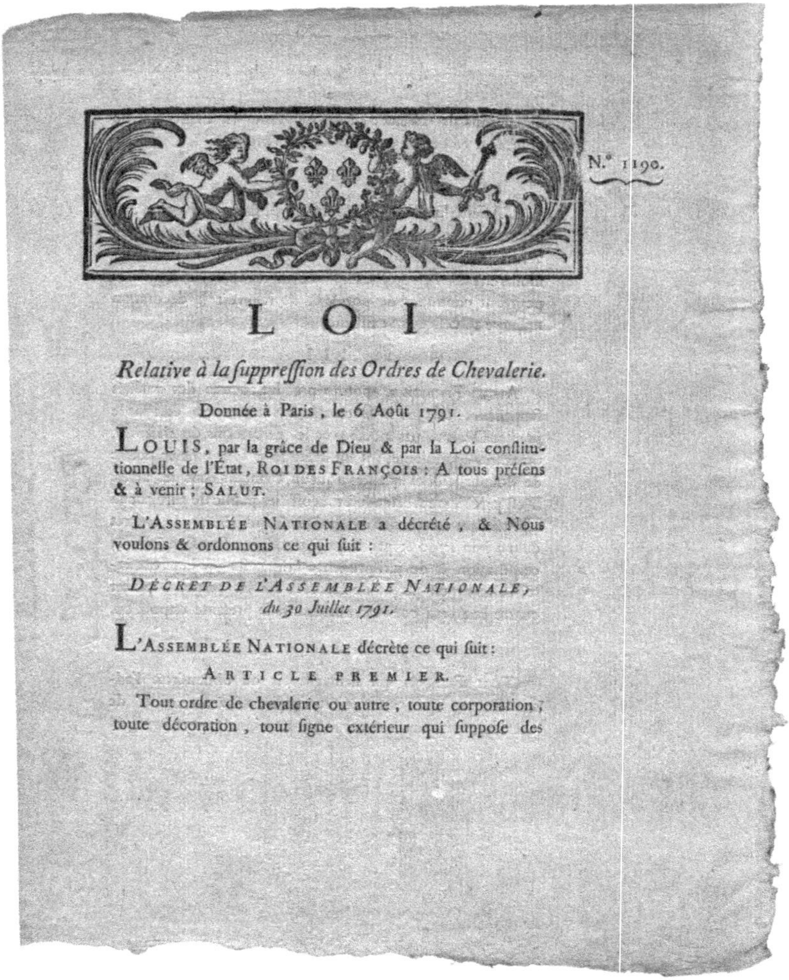

N.° 1190.

L O I

Relative à la suppression des Ordres de Chevalerie.

Donnée à Paris, le 6 Août 1791.

LOUIS, par la grâce de Dieu & par la Loi constitutionnelle de l'État, ROI DES FRANÇOIS : A tous présens & à venir ; SALUT.

L'ASSEMBLÉE NATIONALE a décrété, & Nous voulons & ordonnons ce qui suit :

DÉCRET DE L'ASSEMBLÉE NATIONALE,
du 30 Juillet 1791.

L'ASSEMBLÉE NATIONALE décrète ce qui suit :

ARTICLE PREMIER.

Tout ordre de chevalerie ou autre, toute corporation, toute décoration, tout signe extérieur qui suppose des

Loi du 6 août 1791 « relative à la suppression des Ordres de Chevalerie ».

Chapitre IV

NOBLESSE RÉPUBLICAINE

« Les Romains avaient des patriciens, des chevaliers, des citoyens et des esclaves. Ils avaient pour chaque chose des costumes divers, des mœurs différentes. Ils décernaient en récompense toutes sortes de distinctions, des noms qui rappelaient des services, des couronnes murales, le triomphe ! Je défie qu'on me montre une république ancienne ou moderne dans laquelle il n'y ait pas eu de distinctions. On appelle cela des hochets ! Eh bien ! c'est avec des hochets que l'on mène les hommes », s'exclame Napoléon Bonaparte, devant le Conseil d'État, le 8 mai 1802.

C'est l'une de ces séances que le Premier Consul affectionne, quand il siège en législateur, parmi les grands juristes qu'il a nommés là pour le conseiller, au moins dans la forme. Ce jour-là, il envisage de créer un ordre national, la Légion d'honneur, ouvert aux civils comme aux militaires, pour récompenser les services rendus à la patrie ; et, dans son enthousiasme, le grand homme supporte mal les sarcasmes du conseiller d'État Berlier, qui renvoie à la monarchie le goût des insignes et des rubans, jugeant ces « hochets » indignes d'une république. On commence par des médailles, et qui dit que cette première rupture de l'égalité républicaine ne tendra pas à se pérenniser, par l'institution de titres et de droits héréditaires, jusqu'à l'apparition d'une noblesse nouvelle ?

Au fond, c'est le conseiller d'État Berlier qui est dans le vrai ; mais comment avoir politiquement raison contre le Premier Consul ?

Depuis 1789, la Déclaration des droits de l'Homme et du citoyen dispose que « les Hommes naissent et demeurent libres et égaux en droits », si bien que, dans la fameuse nuit du 4-Août, les privilèges ont été abolis. La qualité de noble survit quelques mois à cette réforme, mais qu'est-ce qu'une noblesse sans privilèges, c'est-à-dire purement honorifique ? Le droit d'arborer un titre devient si dérisoire – et par ailleurs si dangereux – que certains aristocrates choisissent d'y renoncer d'eux-mêmes.

Mirabeau, sur ce point comme sur d'autres, a un peu d'avance : dès 1788, Honoré Riquetti, comte de Mirabeau, s'est établi « marchand de drap » pour pouvoir être élu député du tiers état aux états généraux. Alors même que son propre frère, à qui son goût seigneurial des lippées franches et de la ripaille a valu le surnom de « Mirabeau-Tonneau », représente la noblesse ! Quand ses adversaires l'appellent malicieusement « Monsieur le comte », le tribun révolutionnaire riposte avec vigueur : « J'attache si peu d'importance à mon titre de comte que je le donne à qui le voudra ; mon plus beau titre, le seul dont je m'honore, est celui de représentant d'une grande province et d'un grand nombre de mes concitoyens. »

Cette déclaration aura de nombreux échos quand, le 19 juin 1790, l'Assemblée nationale constituante examine la motion du député Lambel demandant la suppression pure et simple des titres de noblesse. « Les titres qu'il vous invite à détruire blessent l'égalité qui forme la base de notre Constitution, expose en début de séance Charles de Lameth, autre réformateur à particule ; ils dérivent du régime féodal que vous avez anéanti ; ils ne sauraient donc subsister sans une absurde inconséquence : il doit être défendu à tous les citoyens de prendre, dans leurs actes, les titres de pair, duc, comte, marquis, etc. »

Les derniers marquis s'offusquant de cette mesure, Lafayette surenchérit : « Dans un pays libre, il n'y a que des citoyens et des officiers publics. Je sais qu'il faut une grande énergie à la magistrature héréditaire du roi. Mais pourquoi vouloir donner le titre de prince à des hommes qui ne sont, à mes yeux, que des citoyens actifs, lorsqu'ils se trouvent avoir les conditions prescrites à cet égard ? »

C'est enfin Le Pelletier de Saint-Fargeau qui, donnant l'exemple, emporte la décision : « Je ne viens point ici faire l'hommage des titres de comte et de marquis ; je n'ai jamais pris ces noms, quoique j'aie possédé quelques ci-devant comtés et marquisats. Au moment où on vous demande des articles qui soient le complément de votre constitution, je crois qu'il est bon d'ordonner que chaque citoyen ne pourra porter d'autre nom que celui de sa famille, et non point celui d'une terre. Je vous demande la permission de signer ma motion, Louis-Michel Lepelletier. »

Ces débats du 19 juin débouchent sur un décret du 23 juin 1790 portant « que la noblesse héréditaire est pour toujours abolie ; qu'en conséquence les titres de prince, de duc, de comte, de marquis, vicomte, vidame, baron, chevalier, messire, écuyer, noble, et tous autres titres semblables ne seront ni pris par qui que ce soit ni donnés à personne »... La noblesse n'existe plus en France, alors même que le pays, jusqu'à la fuite ratée du roi, demeure une monarchie constitutionnelle.

Une loi du 6 août 1791 vient parachever l'édifice égalitaire en disposant par ailleurs que « tout ordre de chevalerie ou autre, toute corporation, toute décoration, tout signe extérieur qui suppose des distinctions de naissance, sont supprimés en France ; il ne pourra en être établi de semblables à l'avenir ».

Légiférer pour l'éternité est toujours dangereux, car ce qu'une loi a fait, une autre peut le défaire. Mais les révolutionnaires français n'avaient pas ce genre de fausse pudeur et, quand ils votaient un texte, c'était un message universel qu'ils adressaient à l'Humanité, par-delà le temps et l'espace. Ainsi, l'abolition valait au-delà même des frontières et engageait les émigrés eux-mêmes : « Tout Français qui demanderait ou obtiendrait l'admission, ou qui conserverait l'affiliation à un ordre de chevalerie ou autre, ou corporation établie en pays étranger, fondée sur des distinctions de naissance, perdra la qualité et les droits de citoyen français. »

Toutefois, dans cette loi du 6 août 1791 visant à supprimer tous les ordres de chevalerie, « l'Assemblée nationale se réserve de statuer s'il y aura une décoration nationale unique qui pourra être accordée aux vertus, aux talents et aux services rendus à l'État »... C'est la brèche dans laquelle s'engagera Bonaparte, qui sait tout le zèle qu'on obtient de ses subordonnés quand on les peut distinguer.

Les armées révolutionnaires trichaient déjà quelque peu avec la loi en offrant des « sabres d'honneur », ouvragés et dorés, à leurs officiers méritants. Mais cet accessoire, coûteux pour la République, encombrant pour le récipiendaire et malgré cela peu visible, ne valait pas une bonne vieille médaille au ruban moiré qu'on arbore sur la poitrine...

C'est pourquoi l'ordre de la Légion d'honneur est finalement créé le 19 mai 1802, en vue de récompenser les services militaires et civils. L'Ordre, qui existe toujours, a aujourd'hui pour grand-maître le Président de la République française, successeur logique du Premier Consul et de l'Empereur.

« En tant que distinction honorifique, la Légion d'honneur ne s'accompagne d'aucun avantage matériel ou financier réels », assure la Grande Chancellerie sur son site ; mais l'adjectif « réels » témoigne qu'il subsiste tout de même quelques brimborions de ces gratifications et privilèges conçus par Bonaparte pour récompenser ses légionnaires.

Passons sur le « droit au traitement » : de 250 à 5 000 francs par an selon les grades au temps du Consulat, ce qui constituait à l'époque un complément de revenu appréciable, il a été rongé par des décennies d'inflation cumulée, sans avoir complètement disparu toutefois. En 2021, admet la Grande Chancellerie, « une nomination ou promotion dans la Légion d'honneur peut être accompagnée pour les militaires d'active et les anciens combattants titulaires de titres de guerre, d'une somme symbolique héritage de l'histoire ». Rien de mirobolant : de 6,10 euros par an pour un chevalier – soit un peu plus de cinquante centimes d'euro par mois – jusqu'à 36,59 euros par an pour un grand-croix – soit un peu plus de trois euros par mois... Il faut vivre longtemps pour que cette rente microscopique vienne compenser les dépenses : les droits de chancellerie, auxquels il faut ajouter l'achat de l'insigne.

À l'origine, les dignitaires de la Légion d'honneur jouissaient d'un privilège de juridiction, c'est-à-dire qu'ils ne relevaient pas des tribunaux ordinaires, tout comme les nobles ou les prêtres sous l'Ancien Régime : lorsqu'ils étaient prévenus d'avoir commis un délit comportant une peine correctionnelle, ils n'étaient justiciables que de la cour d'appel, infiniment plus chic que les tribunaux de première instance. Ce véritable privilège, attentatoire au principe d'égalité devant la justice, a été aboli en 1834, mais d'autres ont subsisté jusqu'à nos jours, comme l'admission des filles de légionnaire dans les maisons d'éducation de l'Ordre : une possibilité d'ailleurs étendue aux petites-filles et arrière-petites-filles.

Les membres de la Légion d'honneur ont également droit aux honneurs militaires, à titre funèbre comme chacun sait, mais aussi de leur vivant. En effet, théoriquement du moins, « devant un Grand Officier et un Commandant de la Légion d'honneur, les sentinelles doivent présenter les armes, tandis qu'elles portent les armes devant un Officier de la Légion d'honneur.

« Enfin, lors d'une mise aux arrêts de rigueur, à son domicile, d'un décoré de la Légion d'honneur, celui-ci est en droit de mettre en valeur sa décoration sur sa porte et de réclamer une sentinelle. Fait pittoresque, puisque ce droit, même s'il n'est pas appliqué actuellement, n'a pas été aboli », constatait un chercheur en 1976.[1] Ces prérogatives perdurent sur le papier et si, d'aventure, un haut gradé signataire d'une tribune politique était de nos jours mis aux arrêts par son ministre, ce légionnaire serait juridiquement fondé à clouer sa « croix des braves » sur la porte de son immeuble ainsi qu'à exiger la présence d'un factionnaire en uniforme à l'entrée de son appartement…

La Légion d'honneur des origines comportait en outre un privilège électoral : en un temps où le suffrage était censitaire, tout légionnaire pouvait être appelé à faire partie du collège électoral, quand bien même sa situation de fortune ne lui permettait pas d'y être inscrit. Cette subtilité a été rendue sans objet par l'institution du suffrage universel en 1848, mais il s'est tout de même posé la question

1. Gérard Ménager, *Les Médecins parlementaires décorés de la Légion d'honneur depuis sa création jusqu'à la fin du Premier Empire*, Université Paris-IV, faculté de médecine Saint-Antoine, thèse de doctorat en médecine, Paris, 1976.

du droit de vote des – très rares – mineurs décorés pour leur héroïsme.

À partir de 1848 en effet, l'âge légal pour voter est fixé à 21 ans ; or, les textes régissant la Légion d'honneur ne prévoyant aucune condition d'âge, il y a eu quelques cas de décoration précoce, à 18 ou 20 ans, que ce soit à titre militaire ou pour des actes de dévouement. Ainsi, Jean Vallette d'Osia, futur général de corps d'armée, reçut la Légion d'honneur dès l'âge de 19 ans, en 1917, et Sosthène III de La Rochefoucauld, futur duc de Doudeauville, l'obtint à 18 ans.

C'est ainsi qu'en 1962, le nouveau code de la Légion d'honneur précise, en son article R. 85 : « Ainsi qu'il est dit à l'article L. 3 du code électoral, est électeur dès l'âge de dix-huit ans tout jeune Français titulaire de la Légion d'honneur. » Cet article perd toute portée réelle après la réforme du 3 juillet 1974 qui, conformément à une promesse électorale de Valery Giscard d'Estaing, baisse l'âge de la majorité à 18 ans pour l'ensemble des Français. Pourtant, l'article R. 85 n'en reste pas moins en vigueur jusqu'au 27 mai 2010, date à laquelle le gouvernement Fillon se décide enfin à prendre un décret prononçant son abrogation. C'est ainsi que, pendant plus de trente-cinq ans, un article du code de la Légion d'honneur conférait le droit de vote à des décorés qui l'avaient déjà...

Mais cette curiosité n'est rien à côté d'une particularité juridique qui aurait horrifié le conseiller d'État Berlier : la Légion d'honneur, sur trois générations, pourrait conférer la noblesse !

Napoléon, devenu Empereur, constitua en effet une noblesse nouvelle, créant à partir de 1808 quatre titres de prince, 32 de duc, 388 de comte et 1 090 de baron.

L'Empereur n'en continuait pas moins de choyer les membres de la Légion d'honneur, directement concernés par les articles 11 et 12 du décret du 1er mars 1808 confirmant la création de titres impériaux en France :

> Article 11. – Les membres de la Légion d'honneur et ceux qui à l'avenir obtiendront cette distinction porteront le titre de chevalier.
> Article 12. – Ce titre sera transmissible à la descendance directe et légitime, naturelle ou adoptive, de mâle en mâle par ordre de primogéniture de celui qui en aura été revêtu, en se retirant devant l'Archichancelier afin d'obtenir à cet effet nos lettres patentes et en justifiant d'un revenu net de trois mille francs au moins.

Quand vient la Restauration, Louis XVIII octroie une Charte constitutionnelle dont l'article 71, tout en rétablissant les titres d'Ancien Régime, avalise ceux de l'Empire : « La noblesse ancienne reprend ses titres ; la nouvelle conserve les siens. Le roi fait des nobles à volonté, mais il ne leur accorde que des rangs et des honneurs, sans aucune exception des charges et des devoirs de la société. »

La même année, une ordonnance royale du 8 octobre 1814 prescrit les justifications à produire pour la délivrance de lettres patentes conférant le titre personnel de chevalier aux membres de la Légion d'honneur, et précise le cas dans lequel la noblesse leur sera acquise héréditairement.

« Louis, par la grâce de Dieu roi de France et de Navarre » ordonne en effet qu'il « continuera d'être expédié des lettres patentes conférant le titre personnel de chevalier et des armoiries aux membres de la Légion d'honneur » et précise, à l'article 2 : « Lorsque l'aïeul, le fils et le petit-fils auront été successivement membres de la Légion d'honneur et auront obtenu des lettres patentes conformément à l'article précédent, le petit-fils sera noble de droit et transmettra la noblesse à toute sa descendance. »

Ces dispositions sont-elles toujours applicables ? Si les titres de noblesse ont été de nouveau abolis par le gouvernement provisoire de la IIe République le 29 février 1848, ils furent rétablis peu de temps après le coup d'État de Louis-Napoléon Bonaparte, par un décret du 24 janvier 1852, et leur statut s'est ensuite renforcé sous le Second Empire qui en pénalisa l'usurpation[1].

Dès lors, au début de la IIIe République, un certain Flury-Herard, dont la famille remplissait les conditions requises par l'ordonnance de 1814, s'est estimé fondé à réclamer son titre héréditaire. En ces années d'incertitude politique, au lendemain de l'invasion prussienne de 1870 et de la Commune

1. Ancien article 259 du Code pénal, abrogé en 1984.

de 1871, la République est présidée par un monarchiste, le maréchal Patrice de Mac Mahon. Dans des institutions républicaines qui semblent provisoires et acceptées par défaut, son rôle est de tenir la place au chaud en attendant une restauration qui ne viendra jamais, la majorité royaliste de l'Assemblée ne parvenant à s'entendre sur le prétendant à introniser.

Mac Mahon, lui-même créé duc de Magenta sous le Second Empire, n'a pas de mal à admettre le bien-fondé de la demande qui lui est faite et donne ainsi satisfaction à la famille Flury-Herard. Seul et unique cas d'application de l'article 12 du décret du 1er mars 1808 et de l'article 2 de l'ordonnance du 8 octobre 1814, le décret du Président de la République du 25 septembre 1874 confirme l'hérédité de la noblesse acquise par trois générations successives de légionnaires : « Article 1er – Monsieur Flury-Herard, chevalier de la Légion d'honneur, est autorisé à porter le titre de chevalier conféré à son aïeul et confirmé en faveur de son père. »

Ainsi, par décret du 25 septembre 1874, la République française décernait véritablement un titre de noblesse héréditaire, sur le fondement d'un décret du Premier Empire et d'une ordonnance royale de la Restauration… Mais la situation politique changea dès l'année suivante, avec le vote, à une voix de majorité, de l'amendement Wallon instituant constitutionnellement la République. Le 10 mai 1875, en Conseil des ministres, sur le rapport du garde des Sceaux, le Président de la République déclarait qu'il y avait lieu d'écarter les demandes ayant pour objet la collation de titres français nouveaux. Plus aucune lettre patente n'étant délivrée depuis, les familles remplissant les conditions requises dans l'ordonnance de 1814 sont plongées dans une longue attente.

Un avis du Conseil d'administration du ministère de la Justice, le 18 avril 1913, leur a précisé que les membres de la Légion d'honneur qui n'auront point obtenu de lettres patentes de leur titre ne pourront prendre celui de chevalier de l'Empire et qu'ils ne pourront, dans l'énonciation de leur qualité, mettre le titre de chevalier qu'à la suite du nom en désignant l'ordre auquel ils appartiennent. Puis, le 21 avril 1932, une note de la direction des Affaires civiles et du Sceau a indiqué que le titre de chevalier et le titre de noblesse ne sont pas acquis de plein droit par le seul fait d'une nomination dans l'ordre de la Légion d'honneur.

Pourtant, l'ordonnance n'a jamais été abrogée, pas même lorsque le nouveau statut de la Légion d'honneur, en 1962, a fait disparaître soixante-dix-huit textes.

Afin de faire valoir leurs droits, les prétendants à la noblesse républicaine ont fondé l'Association des anciens honneurs héréditaires (AHH), créée en 1967 par Guy Guérin du Masgenêt pour « rassembler en un cercle amical les familles répondant aux critères des honneurs héréditaires fondés par l'ordonnance de 1814 ».

L'association, qui revendique d'avoir accueilli plus de 800 membres représentant plus de 500 familles, pratique cependant un recrutement sélectif : « Le postulant est, soit lui-même le représentant de la troisième génération en ligne masculine directe, soit le descendant (fils ou fille) d'au moins trois générations consécutives de membres de la Légion d'honneur. L'adhésion est prononcée par le conseil d'administration et atteste que l'adhérent a justifié par pièces authentiques ou certifiées, déposées ensuite aux Archives nationales, de sa filiation agnatique et de l'appartenance dans celle-ci d'au moins trois membres consécutifs de la Légion d'honneur. » Le sigle de l'association figure au Bottin mondain et il fut longtemps en trois lettres, AHH, comme si le mot « anciens » devait être oublié ; les « anciens honoraires héréditaires » n'étaient pas forcément révolus et, dans ses premières années, l'AHH militait pour une reconnaissance pure et simple de la noblesse acquise par la Légion d'honneur.

Au fil du temps, l'association est devenue plus circonspecte. « L'AHH a pris le parti depuis une quarantaine d'années de ne plus s'occuper de la question juridique de savoir si l'ordonnance de 1814 restait applicable ou non, précise Pierre Jaillard, ancien secrétaire général et toujours administrateur du site. Cette ordonnance n'a en effet pas été abrogée, mais le Président de la République a décidé en 1875 que, compte tenu de la promulgation des lois constitutionnelles intégrant l'amendement Wallon qui établissait la forme républicaine, les demandes de création de nouveaux titres n'avaient pas lieu d'être instruites. C'est ce *statu quo* qui prévaut toujours officiellement et auquel l'association se conforme, quelle que soit l'appréciation qu'on puisse porter sur la validité du raisonnement juridique.

« Du reste, assure l'AHH, les titres de chevalier précédemment créés directement par lettres patentes ou en application de l'ordonnance de 1814 (et de celle de 1819 assimilant l'ordre de Saint-Louis à celui de la Légion d'honneur pour l'application de celle de 1814) restent reconnus par la République comme tous les autres titres héréditaires français formellement établis. » C'est renvoyer la question au Grand Livre du Sceau.

Chapitre V

LE GRAND LIVRE DU SCEAU

Le ministre de la Justice est traditionnellement « garde des Sceaux », ce qui signifie que lui sont confiés les sceaux de France servant à authentifier les textes importants : les lois constitutionnelles, ou des lois aussi fondamentales que celle du 9 octobre 1981 portant abolition de la peine de mort, font encore l'objet d'un scellement en bonne et due forme, pour imprimer solennellement le cachet de l'État sur un disque de cire relié au document par un ruban moiré, comme au temps des rois.

Or, il est une autre relique des temps monarchiques que conserve le ministre de la Justice : le Grand Livre du Sceau, un imposant registre en plusieurs volumes où se trouvent consignés les noms et titres des familles nobles de France. Document historique ? Pas seulement : véritable *Journal officiel* de la noblesse, ce grimoire ancestral permet de vérifier les droits de ceux qui revendiquent une ascendance aristocratique.

Car, si la République ne décerne plus de titres de noblesse ni même de lettres patentes depuis 1875, elle continue d'accorder des « investitures », c'est-à-dire de certifier qu'un concitoyen descend bien de l'ancienne aristocratie – et, comme tel, a effectivement droit aux titre, blason et particule attachés à son état civil… La nuance est subtile et, le 14 décembre 1906, il a fallu un long débat parlementaire nocturne pour éclaircir comment et pourquoi la République pouvait garantir la noblesse…

Les députés, dans l'hémicycle, examinaient alors la loi de finances, c'est-à-dire le budget de la France pour l'année 1907. Ils n'en étaient encore qu'à l'examen des recettes, dans un fatras de chiffres et de taux, quand leur collègue Péchadre vint égayer la séance.

Député radical de la Marne et docteur en médecine, Péchadre est l'un de ces braves républicains moustachus et joufflus pour qui l'égalité devant la loi n'est pas un vain mot. Ayant appris l'existence du Grand Livre du Sceau, et de ces arrêtés d'investiture donnant lieu à paiement de frais de chancellerie de la part des demandeurs, il a eu l'idée d'un amendement original et foutrement républicain, qu'il expose dans l'hémicycle : « Le titre sera prescrit et le bénéficiaire déchu de ses droits si la taxe de chancellerie n'a pas été acquittée dans le délai de cinq années. »

Autrement dit, il s'agit de rendre obligatoire la vérification des titres, ce qui reviendrait à instituer un véritable impôt sur la noblesse ! Les aristos qui s'exempteraient de cette formalité perdraient *ipso facto* leur titre…

Pour la République, l'affaire n'est pas mauvaise, puisqu'elle se traduirait par des recettes supplémentaires, ou par l'extinction des dynasties rebelles. Mais la question est plus complexe qu'il n'y paraît et, exceptionnellement, c'est un haut fonctionnaire, non élu, qui est autorisé à s'exprimer parmi les députés : M. Monier, « directeur des affaires civiles et du sceau », en tant que « commissaire du Gouvernement ».

Sans doute le digne rond-de-cuir du ministère de la Justice est-il intimidé de se retrouver là, au cœur du pouvoir, debout dans l'hémicycle de la Chambre des députés, en lieu et place de son ministre, techniquement dépassé ; mais bravement, savamment, le lorgnon haut et la barbiche altière, M. Monier expose aux représentants du peuple à quoi sert le Grand Livre du Sceau et pourquoi l'amendement est inepte : « Il n'est pas possible d'introduire dans la loi une disposition de cette nature. Les droits d'investiture ne sont payés qu'au moment où on demande l'investiture. Vous n'imposerez pas à ceux qui n'ont pas dans le passé demandé l'investiture, l'obligation de verser la taxe. Vous n'imposerez cette obligation que dans l'avenir à ceux qui auront besoin de se faire investir pour exciper de leur titre dans un acte public. Mais pour le passé aucune réclamation ne pourra être adressée à ceux qui n'auraient pas accompli cette formalité.

– C'est pour l'avenir, bien entendu », tente Péchadre, soudain mal à son aise.

Mais M. le directeur des affaires civiles et du sceau, commissaire du Gouvernement, poursuit impitoyablement sa démonstration : « Voici un particulier quelconque qui veut se prévaloir d'un titre de noblesse dans un acte public, devant l'officier de l'état civil, dans un jugement, une assignation en justice ; il sera obligé de rapporter préalablement l'arrêté d'investiture. S'il n'en possède pas, il sera tenu de passer devant le conseil du sceau à la chancellerie, et de payer le droit d'investiture.

– À la mort d'un particulier, son fils hérite de son titre, interrompt le comte du Périer de Larsan, député de la Gironde ; faudra-t-il que chaque fois que le fils aura à faire un acte public il paie le droit d'investiture ?

– Voici, en deux mots, en quoi consiste le droit d'investiture. Un particulier possède un titre de noblesse ; pour en faire usage d'une façon régulière dans un acte public, il est obligé d'en être investi, et d'acquitter, pour obtenir cette investiture, un certain droit, qui varie suivant le titre possédé.

« Ce particulier meurt ; la propriété du titre revient à son fils aîné, qui en a la propriété et l'usage, mais l'usage privé seulement.

« Pour en faire un usage public régulier, dans un acte public, il est obligé de s'en faire investir. »

S'engage alors un débat passionné au cours duquel le digne et docte M. Monier peut bientôt se faire oublier. La politique reprend ses droits et, tandis que les réactionnaires protestent contre l'amendement Péchadre, le dépôt impromptu d'un amendement de surenchère vient stimuler la gauche.

Ce nouvel amendement, présenté par M. de Kerguézec, est ainsi conçu : « À partir de la présente loi, le port de tous les titres de noblesse est supprimé sous peine d'une amende de 10 à 2,000 fr. » *(Très bien ! très bien ! à l'extrême gauche.)*

Un drôle de démocrate, ce Kerguézec, député « républicain socialiste » de Guingamp ; quoique comte, il refuse de porter ce titre et s'est illustré en soutenant l'érection d'une statue d'Ernest Renan sur la place de la Cathédrale, à Tréguier, avec les libres-penseurs et les « rouges », dont il se fait de nouveau le porte-parole : « Je m'excuse de monter à la tribune à une heure aussi tardive, mais j'ai pensé qu'il n'était pas admissible que la République donne, par une disposition de la loi, une sanction aux anciens titres de noblesse. *(Très bien ! à gauche.)* J'estime que, dans la démocratie où nous vivons, ce sont là des vestiges du passé qui doivent disparaître complètement. *(Applaudissements à gauche.)* Je demande donc que mon amendement soit mis aux voix et je prie la Chambre de vouloir bien l'adopter.

– Donnez l'exemple ! interrompt maladroitement M. de Saint-Pol, à droite.

– Je ferai remarquer – et je m'excuse auprès de la Chambre de soulever ici un incident personnel – que mon nom a été inscrit avec un titre de noblesse, sur le petit livre contenant la biographie des députés. Je me suis empressé d'écrire au directeur de cette publication pour lui demander une rectification dans les éditions à venir, sous peine de se voir intenter un procès *(Exclamations à droite. – Mouvements divers),* car je considérais qu'il m'avait rendu absolument ridicule aux yeux du public en me donnant un titre dont je ne veux à aucun prix.

– Le titre seul ne prouve pas la noblesse, lance perfidement le marquis de Pins, et je lui préfère quant à moi la noblesse des sentiments ! *(Très bien ! très bien !)* »

Mais la contradiction vient surtout du comte du Périer de Larsan, au centre droit. Député « républicain progressiste » de la Gironde, élu contre un royaliste, il n'en appartient pas moins à l'une des plus anciennes familles de France, originaire de Bretagne et fixée en Guyenne depuis le XVe siècle. Comme aux plus beaux temps de la Révolution, s'engage un duel d'aristocrates réformateurs sur la question de l'égalité !

« Messieurs, l'honorable M. de Kerguézec vient de dire que les titres de noblesse étaient un vestige du passé et qu'il fallait qu'ils disparaissent. Si vous deviez effacer tous les titres du passé, Messieurs, permettez-moi de dire que sur le territoire de la France vous auriez bien des choses à raser, tant de choses à raser que bientôt il y aurait trop de ruines. *(Très bien ! très bien ! sur divers bancs.)*

« Nos noms et nos titres appartiennent à l'histoire de notre pays. Confèrent-ils maintenant un droit quelconque, un privilège ? Certainement non, et personne ne pense à rétablir droits et privilèges qui ont pu avoir leur raison d'être autrefois.

« Ils contiennent, pour ainsi dire, comme je le disais tout à l'heure, un simple souvenir historique. Or vous ne pouvez pas détruire votre histoire. Certes je reconnais que la République ne peut pas créer de titres, mais elle ne crée pas non plus d'églises en ce moment, et vous n'allez pas demander de raser les églises ! Ne demandez donc pas, monsieur de Kerguézec, que l'on rase tout ce qui rappelle les souvenirs d'autrefois ! *(Très bien ! très bien ! sur divers bancs.)*

« On parlait tout à l'heure de la manière dont peuvent se reconnaître les titres de noblesse. Je ne viens pas prendre leur défense ; vous m'objecteriez peut-être que j'ai des raisons personnelles pour cela, et tel n'est pas le sentiment qui guide mes paroles. *(Très bien ! très bien ! au centre.)* Je prends cependant la liberté de faire remarquer à M. le commissaire du Gouvernement que les possesseurs des titres les plus authentiques, les plus justifiés par les services rendus par les ancêtres qui ont vaillamment servi leur pays, seront parfois bien embarrassés pour fournir les pièces énoncées dans la nomenclature très limitative qu'il nous a produite tout à l'heure, en dehors d'une longue possession d'état incontestée, de pièces de l'état civil et autres actes authentiques, de documents historiques et autres éléments de preuve admis jusqu'ici, que l'on demande du reste à la questure de la Chambre quand l'un de nous hérite d'un titre d'un membre de sa famille décédé.

« Remarquez que les plus anciens, c'est-à-dire les plus précieux, sont les plus impossibles à se procurer. Je ne parle, notez-le bien, qu'au point de vue historique. *(C'est vrai ! Très bien ! très bien ! sur divers bancs.)*

« Quelle que soit la décision qui sera prise, qu'il soit bien entendu que ceux qui conservent et continuent à porter un nom ou un titre comme tradition et souvenir de famille, n'ont dans la pensée, ainsi qu'on paraissait l'alléguer tout à l'heure, ni le regret d'un passé dont le retour est inadmissible, ni le désir de la restauration des abus que pouvait comporter ce passé.

« Ce que je dis du titre s'applique aussi à la particule, qui fait partie du nom de famille. Notre honorable collègue M. de Kerguézec nous a appris qu'il avait menacé d'un procès le directeur d'une publication parce qu'il a fait précéder son nom du titre de sa famille. Je crois du moins avoir compris que telle était la signification de ses paroles. Intentera-t-il un procès à la questure pour le maintien sur notre livret de sa particule, qui est, elle aussi, une désignation nobiliaire et un souvenir du passé ?

« Je le répète, il ne faut rien exagérer : on doit laisser au passé ses souvenirs, les honorer, les respecter comme ils le méritent et quand ils le méritent, et vivre dans l'ère moderne. *(Applaudissements.)*

– Ce n'est pas un droit de trésorerie qui fera revivre les souvenirs du passé ! » s'exclame le marquis de Pins, tandis que le président donne la parole au plébéien Jourde, député de la Gironde, un ancien socialiste passé par le nationalisme et maintenant assagi. C'est l'homme de la synthèse : « Messieurs, je crains bien que la précipitation que nous mettons à voter le budget ne nous fasse commettre quelques graves erreurs. Je crois précisément que nous sommes en train d'en commettre une. Qu'allons-nous faire ?

« On a aboli les titres de noblesse il y a un siècle et en ce moment nous n'allons faire rien moins que les rétablir. *(Dénégations sur divers bancs à gauche.)*

« Je dis ce que je pense. *(Très bien ! – Parlez !)* Nous allons distinguer dans notre pays entre les personnes qui s'arrogent des particules sans y avoir droit et d'autres personnes qui dans leur famille, dans le passé de notre histoire, y ont eu droit. *(C'est vrai ! – Très bien ! sur divers bancs.)*

« Ces dernières auront le droit de dire : "Voilà mon reçu du percepteur, voilà ma quittance de la chancellerie, je suis un duc, un comte, un marquis authentique, alors qu'au contraire, vous êtes, vous, un comte ou un duc de pacotille."

– Les nobles authentiques ne payeront rien, ronchonne le comte de Grandmaison.

– Comme le disait tout à l'heure l'honorable M. du Périer de Larsan, continue Jourde, je crois que les Français de nos jours peuvent être fiers de tous les Français, et surtout des Français du passé. *(Applaudissements.)*

« Je suis, en tout cas, de ceux qui en sont fiers. Oui ! Je suis très fier de cette grande époque du Moyen Âge, qui a donné à notre pays une race et des hommes qui ont honoré grandement la France. *(Très bien ! très bien !)* Loin de renier ma parenté nationale avec la France des preux, je la revendique au contraire hautement. Messieurs, contentons-nous de ce qu'ont fait nos pères ; et si nous avions besoin d'exercer quelques critiques, relisons de temps en temps, la *Satire à Dangeau.*

« Quand vous trouverez des comtes ou des ducs qui méritent d'être honorés, honorez-les, non pas parce qu'ils sont ducs ou comtes, mais parce qu'ils sont de bons et grands citoyens ; et quand ils ne le mériteront pas, traitez-les comme tous ceux qui ne méritent pas d'être honorés, voilà tout ! *(Applaudissements.)*

« Mais mettre un impôt sur ceux qui portent un titre de noblesse, ce serait de la part de la République, reconnaître ces titres : je ne m'y associerai pas. *(Applaudissements.)* »

Le débat s'enlise alors, l'amendement Kerguézec sur la suppression des titres de noblesse est retiré, celui du brave Péchadre est vidé de son contenu par une nouvelle rédaction de la commission, le débat budgétaire reprend son cours fastidieux... Et pourtant, cette discussion n'a pas eu lieu pour rien. Inscrite au *Journal officiel*, elle constitue encore la meilleure explication technique du Grand Livre du Sceau, qui perdure au XXIe siècle.

À trois reprises, de nouveaux tribuns démocrates ont demandé sa suppression, et il a bien failli disparaître en 1948 : ce fut pour ne pas perdre une recette que le ministère des Finances en défendit victorieusement le maintien. La loi de finances du 27 décembre 1968 porta à 2 000 francs les droits de confirmation d'un titre.

Aujourd'hui, les droits de chancellerie n'existent plus et c'est à titre gracieux que les citoyens français d'ascendance noble peuvent demander à Marianne l'authentification de leurs titres. À cette menue différence près, le Grand Livre du Sceau continue de braver les siècles et c'est en des termes peu différents de ceux de M. Monier que s'exprimait cent ans plus tard, en 2006, Marc Guillaume, alors directeur des Affaires civiles et du Sceau, devant l'Académie des Sciences morales et politiques :

« La section du Sceau procède aujourd'hui seulement à la vérification des titres nobiliaires. Cette vérification, appelée investiture, consiste à établir que le titre est régulier, qu'il a été transmis selon les règles de dévolution prévues par les lettres patentes de concession et que le titulaire actuel de ce titre est bien le descendant régulier du premier titulaire du titre. [...]

« Le titre nobiliaire a ainsi un double caractère : c'est un élément d'état civil et il doit être mentionné sur les actes par l'officier de l'état civil si celui-ci a la preuve de son existence et de sa transmission ; sa vérification est un acte de puissance publique[1]. »

Dès lors, le titre nobiliaire peut faire l'objet de procédures judiciaires, y compris en République. Un arrêt du Tribunal des conflits du 17 juin 1899 – portant ironiquement le nom « de Dreux-Brézé », celui du maître des cérémonies du roi devant qui Mirabeau opposa « la volonté du peuple » à « la force des baïonnettes » – a même établi le partage de compétence, tout à fait logique : sur la vérification

1. Marc Guillaume, « Le Sceau de France, titre nobiliaire et changement de nom », devant l'Académie des Sciences morales et politiques, séance du 3 juillet 2006.

des titres de noblesse, il faut se tourner vers la juridiction administrative, tandis qu'il appartient à la juridiction judiciaire de « connaître des actions fondées sur de prétendues atteintes aux droits pouvant résulter pour ceux qui les ont obtenus, des titres de noblesse régulièrement conférés ».

En application de cette jurisprudence du Tribunal des conflits, la justice administrative a compétence « toutes les fois qu'est soulevée une question touchant la validité, le sens ou la portée des actes de la puissance souveraine qui ont donné ou confirmé le titre nobiliaire[1] », ce qui a donné lieu à plusieurs arrêts du Conseil d'État[2].

L'un d'eux, mémorable, est en date du 25 février 1983 : au sujet d'un litige portant sur une baronnie accordée en 1709 par un souverain étranger, le Conseil d'État établit « au nom du peuple français » que ce titre de baron « ne pouvait être transmis à des héritiers français que de mâle en mâle, suivant les règles du droit nobiliaire français » : autrement dit, quoique ce droit-là ne soit plus légalement en vigueur, il peut servir de source pour le règlement d'un contentieux et conserve ainsi, indirectement, une valeur juridique !

Plus récemment, le 12 février 2021, le même Conseil d'État s'est permis de débouter Nicolas de Broglie, fils du 8e duc de Broglie, qui revendiquait

1. Conseil d'État, « de Martimprey », 29 avril 1910.

2. Conseil d'État, « de Potier », 31 janvier 1936 ; Conseil d'État, « Drouilhet de Sigalas », 19 décembre 1947 ; Conseil d'État, « de Cossé duc de Brissac », 4 février 1949 ; Conseil d'État, « Chillou de Saint Albert », avril 1979.

le titre de duc alors qu'il était né hors mariage. Or, la loi du 3 décembre 2001 n'accorde-t-elle pas aux enfants naturels une stricte égalité successorale avec les enfants légitimes, mettant fin à des siècles de discriminations ? Le titre de duc ayant été transmis à son oncle après le décès de son père, le prétendant se tourna donc vers la justice républicaine – qui ne put toutefois que se conformer aux règles de succession que les législateurs de 1791 pensaient avoir abolies pour toujours…

Et c'est ainsi qu'un arrêt de la plus haute juridiction de l'ordre administratif, en 2021, a été pris « vu les lettres patentes du roi Louis XV en date de juin 1742 enregistrées au Parlement de Paris le 20 août 1742 », énonçant que sont exclusivement transmis de son titulaire à « l'aîné de ses mâles nés et à naître de lui en légitime mariage » les glorieux « titre, qualité et honneur de duc héréditaire »…

Chapitre VI

UN MAHARADJAH PAR DÉCRET

Baliqiao, dans la banlieue de Pékin, est un lieu-dit sans intérêt particulier, perdu dans l'immense métropole ; et sans doute scandaliserait-on les cadres du Parti communiste chinois (PCC) en leur rappelant que ce minuscule territoire est aussi à l'origine d'un titre comtal français…

Le toponyme Baliqiao a pourtant tout de strictement chinois, puisqu'il signifie « le pont des huit lis » : le li n'est autre qu'une vieille unité de distance dans l'empire du Milieu, et le pont se trouve en effet à huit lis, ou 4 800 mètres, de la Cité interdite.

C'est en s'emparant de ce pont, contre l'armée impériale chinoise, que s'illustra le général Cousin-Montauban, le 21 septembre 1860, durant la seconde guerre de l'Opium, ouvrant ainsi Pékin à l'expédition franco-britannique.

Si Victor Hugo, républicain en exil, se scandalisa du pillage du Palais d'été, Napoléon III quant à lui voulut récompenser ce général ambitieux, dont il connaissait le point faible : la vanité. Il le bombarda

« comte de Palikao », transcription de l'époque pour Baliqiao…

De son vrai nom Cousin, cet officier se faisait appeler de préférence « Cousin-Montauban », patronyme moins banal dont il avait obtenu la reconnaissance en vertu d'un jugement rendu le 24 février 1844 par le tribunal civil de première instance de la Seine. Les flatteurs glissaient en outre la particule pour le nommer « Cousin *de* Montauban » et ce fut en 1863 que Napoléon III combla son général en proclamant : « Nous autorisons le Général Cousin-Montauban à se nommer Cousin de Montauban. Le titre de comte de Palikao passera héréditairement à ses enfants légitimes et à naître[1]. »

À noter que cette proclamation, tout en étanchant l'insatiable orgueil du général Cousin qui s'empressa de se faire dessiner des armoiries compliquées sur lesquelles on discerne le pont de Baliqiao, ne conférait pas la noblesse. La particule ne se confond pas avec celle-ci et quant au titre majestueux de « comte de Palikao », il ne s'agissait pas à proprement parler d'un titre de noblesse, mais d'un « titre de victoire », qui peut être reconnu à un général roturier en souvenir de son grand fait d'armes.

Pratiqué sous le Premier Empire, sans se confondre avec la noblesse d'Empire qui ne devenait héréditaire que par l'achat d'un majorat, l'usage du « titre de victoire » fut remis à l'honneur par Louis-Philippe

1. Archives nationales, MCET/XLIV/1243 et 682 AP/1-682 AP/4.

– pour Bugeaud, « duc d'Isly » au lendemain de cette bataille marocaine –, puis par Napoléon III : on sait qu'il créa Mac Mahon « duc de Magenta » pour ses exploits militaires en Italie, et avant lui le général Pélissier était devenu « duc de Malakoff » pour son rôle dans la guerre de Crimée.

La République, quant à elle, ne pratique pas le titre de victoire. Après la Grande Guerre, il fut bien proposé d'honorer Joffre du titre de « duc de la Marne », mais le Conseil d'État refusa, se proposant d'enregistrer un simple changement d'état civil : « Joffre de la Marne ». Le maréchal, républicain, franc-maçon, ne donna pas suite et fut enterré sous son nom de plébéien en 1931.

Il y eut toutefois un titre décerné par un décret de la République française, et mieux qu'un titre ducal : un titre princier. Cette initiative fit couler beaucoup d'encre en 1885, d'autant qu'elle ne récompensait pas une éclatante victoire militaire, mais plutôt les succès économiques d'un certain Courjon, établi dans « l'Inde française ».

On appelait ainsi, après la conquête britannique du sous-continent indien, les rares parcelles de territoire demeurées sous le drapeau tricolore. Il y avait, principalement, les cinq comptoirs de Mahé, Yanaon, Karikal, Pondichéry et Chandernagor, organisés en communes analogues à celles de la métropole et formant par ailleurs, quoique distantes entre elles de plusieurs milliers de kilomètres, une circonscription électorale unique, représentée à la Chambre et au Sénat.

Il y avait aussi, subsidiairement, une poussière de micro-territoires épars qu'on appelait « les loges », tant elles étaient minuscules et malcommodes, comme des loges de concierge. En dépit de leurs noms magiques – Balassore, Goorpordha, Cassimbazar, Mazulipatam... –, ces dépendances oubliées, inextricablement enclavées dans le Raj britannique, échappaient à tout contrôle administratif sérieux et c'est pourquoi, en 1884, le gouvernement français dépêcha l'un de ses hauts fonctionnaires en vue d'y remédier.

Celui-ci, M. Has, ne trouva guère de soutien chez ses compatriotes locaux, peu soucieux de permettre aux loges de concurrencer un jour leurs comptoirs ; quant aux Anglais, ils ricanaient perfidement, selon leur habitude innée, à l'idée que des territoires français enchâssés dans les leurs demeurassent hors d'atteinte de la République. Un seul homme apporta aide, secours et hospitalité au brave hussard noir de l'Administration : le négociant Courjon, fils d'un aventurier local et riche propriétaire.

M. Has, de retour à Paris, fit son rapport, non sans témoigner une reconnaissance éperdue à ce grand Français, influent et généreux, qui l'avait hébergé, blanchi, nourri, avec une munificence tout orientale. De là vint l'idée de faire d'une pierre trois coups : administrer ces territoires lointains, faire la nique aux Anglais et récompenser ce sympathique compatriote, en lui octroyant la « ferme générale des loges », autrement dit une sorte de concession de service public sur ces possessions problématiques.

Et comme, aux Indes, tout est question de prestige, le ministre de la Marine enjoignit à son sous-secrétaire d'État aux Colonies de décerner le titre de « maharadjah, prince de Chandernagor » au sieur Eugène Joseph Courjon.

« Tiens, je fais des maharadjahs, maintenant ! » s'amusa le sous-secrétaire d'État aux Colonies, Félix Faure, futur Président de la République, en signant le décret du 25 septembre 1884. Par cet acte, la République française accordait un titre princier indigène qui, lorsqu'il fut connu du jeune Octave Mirbeau, lui donna l'occasion d'une virulente campagne de presse, en janvier 1885.

Mirbeau, alors, n'est pas encore le romancier célèbre du *Jardin des supplices* et du *Journal d'une femme de chambre* ; juste un brillant polémiste qui adore taper sur ces républicains de gouvernement, affairistes et bourgeois, dont Félix Faure lui paraît l'archétype. Que le gouvernement français – alors dirigé par Jules Ferry ! – ait ainsi proclamé un maharadjah par décret représente pour lui une véritable aubaine.

« Ici, il est utile, pour la suite de ce récit, d'ouvrir une parenthèse et d'apprendre, à ceux de nos lecteurs qui l'ignoreraient, ce que c'est qu'un maharajah ! Maharajah signifie : Grand Roi. [...]

« Le maharajah, seul, a le droit de marcher sous l'ombrelle sacrée ; on ne doit l'aborder qu'à genoux, pieds nus et tremblant. Il est sacré, dans les pagodes de Siva la terrible, par les brahmes les plus illustres, les brahmes nés de la main droite de Brahma. Il a le droit de vie et de mort. Quand il est mécontent d'un de ses sujets, il lui fait écraser la tête par un de ses éléphants, dressés au métier de bourreau. [...] Toutes les femmes appartiennent de droit à son harem et son cou est chargé des perles de Ceylan et d'Ophir et des gemmes de Golconde. À lui revient, dîme impitoyable, tous les grains de riz du pauvre rayat et les châles précieux tissés par le khaiatt. Il marche, entouré de ses lieutenants, les nababs, qu'il a choisis dans l'aristocratie indoue, la plus vieille aristocratie du monde. C'est lui qui nomme les khalifes, les vizirs, les gwaliors, les nizams, les talukdars et les zémindars. La divinité elle-même s'abaisse devant lui, et, pour garder sa mémoire, mille veuves se brûleront sur son bûcher, et des tadjs se dresseront, aussi superbes que l'immortel mausolée d'Agra.

« Voilà ce qu'est un maharajah : un roi de la terre armé de la puissance du ciel.

« L'Angleterre, qui a dévasté l'Inde, qui a brûlé les temples de Siva et massacré des brahmes, l'Angleterre, qui a mis sa main sanglante et crochue sur cette antique civilisation, source de la vie et berceau de l'humanité, l'Angleterre s'est arrêtée devant le maharajah, auquel elle a toujours conservé son caractère auguste et sacré. Elle ne le nomme pas, ne s'en reconnaissant pas le droit, et quand, par hasard, en récompense d'un service rendu, elle a revêtu de ce titre un indigène, elle est allée le chercher parmi les plus illustres princes de l'Inde.

« Eh bien, voici la lettre que, huit jours après son arrivée à Paris, M. Courjon recevait de M. Félix

Faure, sous-secrétaire d'État au ministère de la Marine et des Colonies :

« Monsieur, J'ai l'honneur de vous informer que, par décision de ce jour, en récompense des services que vous avez rendus dans nos colonies, je vous ai nommé maharajah, prince de Chandernagor. [...]

« Ainsi, pour payer deux mois d'hospitalité donnée à un fonctionnaire, M. Félix Faure, par une simple décision, nommait un M. Courjon Altesse Royale ! Ô Courjon ô maharajah Courjon ! quand tu rentreras à Chandernagor, tu pourras, d'un signe, ordonner à tes éléphants d'écraser la tête des boys qui auront laissé une mouche se promener sur ton nez auguste ; on te verra, sur des palanquins, couvert de tonnes d'or et de pierreries, suivi de tes nababs, passer au milieu des peuples prosternés, le front dans la poussière. Les brahmes aux longues barbes blanches, portant le paon sacré, viendront s'agenouiller devant toi et chanter des hymnes en ton honneur. C'est pour toi que le rayât peinera dans les rizières humides, pour toi que le khaiatt filera ses plus fines soies, pour toi que Cachemire enfantera ses plus belles femmes et Ceylan ses perles les plus magnifiques ! Et c'est un sous-ministre de la République, qui, hier encore, vendait des peaux de vache et spéculait sur de vieux cuirs, c'est M. Félix Faure qui t'a investi de cette puissance, et qui t'a fait pareil au Grand Mogol, ô Courjon, ô maharajah Courjon, ô prince de Chandernagor... »

Cette polémique intéresse à son tour le député Andrieux, ancien préfet de police ; homme de culture – et futur père naturel d'Aragon – il se plonge dans les *Lois de Manou*, l'antique traité de droit brahmanique, pour faire connaître aux Français quelle puissance surnaturelle a libéré le décret français :

« 1. – Je vais déclarer les devoirs des rajahs, la conduite qu'ils doivent tenir, quelle est leur origine et comment ils peuvent obtenir la récompense suprême.

« 3. – Ce monde, privé de rajahs, étant de tous côtés bouleversé par la crainte, pour la conservation de tous les êtres, le Seigneur créa un rajah.

« 5. – Et c'est parce qu'un rajah a été formé de particules tirées de l'essence des principaux dieux qu'il surpasse en éclat tous les mortels.

« 6. – De même que le soleil, il brûle les yeux et les cœurs, et personne sur la terre ne peut le regarder en face.

« 7. – Il est le feu, le vent, le soleil, le génie qui préside à la lune, le roi de la justice, le dieu des eaux, et le souverain du firmament par sa puissance. »

Andrieux ajoute, non sans malice, ces versets tirés du livre IX des *Lois de Manou* qui visent plus spécialement Félix Faure :

« 231. – Le rajah doit confisquer tous les biens des ministres qui, enflammés de l'orgueil de leurs richesses, ruinent ceux qui soumettent leurs affaires à leurs décisions.

« 232. – Que le rajah mette à mort ceux qui font de faux édits, ceux qui causent des discussions parmi les ministres…

« 275. – Que le rajah fasse périr, par divers supplices, les gens qui dérobent son trésor ou refusent de lui obéir, ainsi que ceux qui encouragent les ennemis. »

Et de conclure, plus plaisamment : « Nous avons déjà, dit-on, des nababs à la Chambre ; nous aurons des wazirs et des soubadârs.

« Ce n'était pas la peine assurément de supprimer les titres de noblesse, sous la première et la seconde République, pour les rétablir sous la troisième… *au titre indien.* »

La polémique s'éteint toutefois, le gouvernement Ferry ne tombe pas, Félix Faure poursuit sa carrière qui le conduira un jour à l'Élysée, où il trépassera dans un épisode digne de l'Inde tantrique…

Courjon, quant à lui, s'installe à Paris. « Lorsque la décision du ministre de la Marine eût été notifiée à M. Courjon, il quitta sa redingote et revêtit une sorte de stambouli soutaché de soie noire, raconte Andrieux dans ses *Souvenirs* ; il remit dans un carton son chapeau à haute forme et entoura sa tête d'un turban jaune et brun, retenu par des épingles d'or. On le rencontra aux Champs-Élysées portant une ombrelle blanche. On le vit plus souvent au ministère de la Marine, où les huissiers annonçaient à M. le sous-secrétaire d'État "Son Altesse le prince Courjon"… »

L'Inde, accédant à l'indépendance en 1947, est devenue une république démocratique qui a d'abord absorbé les États princiers ; leurs souverains conservèrent un temps un statut particulier, une cassette royale, autant de privilèges que le parti du Congrès a fini par abolir en 1972, avec tous les titres de noblesse. Par l'un de ces pieds de nez de l'Histoire qui réjouissent l'esprit, le seul titre de maharadjah aujourd'hui protégé juridiquement l'est en droit français, sur le fondement du décret Félix Faure du 25 septembre 1884 portant création d'un « prince de Chandernagor »...

Ce décret, qui n'a jamais été explicitement rapporté, est-il conforme à la légalité républicaine, à la Constitution actuelle ? Est-il compatible avec la Déclaration des droits de l'Homme et du citoyen, dont l'article 1er proclame certes que « les Hommes naissent et demeurent libres et égaux en droits », mais précise que « les distinctions sociales ne peuvent être fondées que sur l'utilité commune », ce qu'estimèrent M. Has et le sous-secrétaire d'État Félix Faure ?

Le garde des Sceaux devra-t-il un jour statuer sur ces lettres de noblesse parues au *Journal officiel*, au risque de mécontenter son collègue le ministre des Affaires étrangères en suscitant une protestation de l'ambassadeur de l'Union indienne ? Car, si le maharadjah Courjon est mort sans descendance directe, faute d'avoir rencontré sur les Champs-Élysées la maharani de ses rêves, la consultation des bases généalogiques permet de lui découvrir de nombreux collatéraux qui, de nos jours, pourraient fort valablement réclamer son héritage. Comme dans *Les Cinq Cents Millions de la Bégum*, de Jules Verne, des Français peuvent à bon droit s'estimer légataires du prince de Chandernagor, et si la fortune des Courjon est depuis longtemps dispersée aux quatre vents de l'Histoire, il n'en va pas de même de sa titulature princière, garantie conjointement par les *Lois de Manou* et le *Journal officiel de la République française*.

Son Altesse Républicaine le prince Courjon s'est éteint dans les premiers jours de 1896 : l'hiver parisien a été fatal à ce prince exotique, dont la famille a fait rapatrier le corps en terre bengalie. Eut-il droit à des funérailles de nabab, aux pleureuses, à une procession d'éléphants caparaçonnés d'or et d'argent, tirant un cercueil de santal serti de pierreries ? Pas de crémation publique, en tout cas : le maharadjah était resté catholique et fut donc inhumé au cimetière du Sacré-Cœur local.

Au petit carré européen de Chandernagor où il repose, une stèle, gravée dans une orthographe indécise, rappelle encore son titre, ainsi fixé pour l'éternité :

EUGÈNE JOSEPH COURJON
PRINCE
DE CHANDERNAGORE
DÉCÉDÉ À PARIS LE 20 JANVIERS 1896
À L'ÂGE DE 53 ANS.

La pierre est abîmée, l'inscription tristement délabrée ; plusieurs lettres sont à peine lisibles aujourd'hui. Et sans doute l'ambassade de France en Inde s'honorerait-elle de prendre en charge la restauration de cette tombe – celle de l'unique maharadjah français et du seul prince créé par décret de la République.

Chapitre VII

AUX ARMOIRIES, CITOYENS !

Si les princes Courjon d'aujourd'hui peinaient à faire valoir leur titre, il leur resterait la ressource de se donner des armoiries. Sur ce chapitre au moins, le droit français est très simple : chacun est libre de se doter d'un blason, du moment qu'il ne copie pas celui d'une autre famille. D'ailleurs, il n'est pas besoin d'être noble pour arborer des armoiries : sous l'Ancien Régime déjà, des bourgeois, des évêques, des corporations, des villes se sont dotés de tels emblèmes. Les armoiries ne sont donc soumises à aucune réglementation et ceux qui n'en ont pas sont parfaitement autorisés à en dessiner ; les membres de la Légion d'honneur ou d'un autre ordre peuvent ainsi porter leur décoration sur l'une des pièces de leur écu, ou à l'extrémité de ce dernier.

Supprimées en 1790 mais rétablies dès le Premier Empire, les armoiries ont donné lieu à une jurisprudence relativement abondante, mais stable. Sous le Second Empire, le 8 août 1865, une cour parisienne jugea que « les armes d'une famille constituent pour elle une propriété. [...] Les armes ne sont pas un accessoire du titre. La famille les possédait avant le titre, qui n'est qu'un signe distinctif de dignité. Elles sont l'attribut de toute la famille. »

Même position sous la République, devant le tribunal civil de Marseille, le 1er juin 1888 : « Le nom patronymique et les armoiries constituent pour la famille qui les possède une véritable propriété que nul n'a le droit d'usurper sous peine de dommages-intérêts. »

Deux guerres mondiales plus tard, cette jurisprudence est confirmée par la cour d'appel de Paris : « Les armoiries diffèrent essentiellement des titres de noblesse en ce qu'elles sont simplement des marques de reconnaissance accessoires du nom de famille auquel elles se rattachent indissolublement, que cette famille soit noble ou non. Il s'ensuit que les armoiries sont l'attribut de toute la famille et qu'elles jouissent de la même protection que le nom lui-même, et que les tribunaux judiciaires compétents pour examiner les litiges relatifs aux noms patronymiques sont également compétents pour connaître des contestations qui peuvent être soulevées au sujet des armoiries[1]. »

Et c'est donc dans la droite ligne de ce jugement que s'affrontèrent plus récemment, le 21 décembre 1988, devant le Tribunal de grande instance de Paris, les deux branches de la famille de Bourbon, pour savoir si elles avaient droit au « port des armes pleines », c'est-à-dire au blason aux lys de l'ancien royaume de France, ou si les Orléans étaient

1. Cour d'appel de Paris, 4e chambre, 20 décembre 1949, affaire de Failly.

contraints de les surcharger de l'infamante « brisure », un chevron suggérant la bâtardise ou l'usurpation. Ainsi, sous le règne de François Mitterrand, un tribunal de la République cinquième du nom eut à se prononcer sur un point de droit héraldique :

« Attendu que les armoiries sont des marques de reconnaissance accessoires du nom de famille auquel elles se rattachent indissolublement, que cette famille soit ou non d'origine noble ; qu'il s'ensuit que les armoiries sont l'attribut de toute la famille, et qu'elles jouissent de la même protection que le nom lui-même ;

« Attendu que les armes en litige, constituées de "trois fleurs de lys d'or en position deux et un sur champ d'azur" n'ont été celles de France qu'autant que régnait l'aîné de la Maison de Bourbon à laquelle elles appartiennent – qu'elles sont devenues emblèmes privés à l'avènement du roi Louis-Philippe ; [...]

« Attendu qu'il n'appartient pas à une juridiction de la République d'arbitrer la rivalité dynastique qui sous-tend en réalité cette querelle héraldique, comme l'ensemble de la procédure ;

« Attendu qu'en tout état de cause le demandeur, qui ne peut ainsi avec pertinence soutenir qu'Alphonse de Bourbon se servirait du "symbole" de la France, ne prétend nullement que le port de ces armes sans brisure, qui résulte d'un usage ouvert et constant des Bourbons d'Espagne depuis plus de cent ans, soit à l'origine pour lui-même ou sa famille, d'un préjudice actuel et certain ; que dans ces conditions, Henri d'Orléans, qui ne justifie pas d'un intérêt à faire interdire le port de ces armoiries, sera déclaré également irrecevable en sa demande de ce chef ;

« Par ces motifs, le Tribunal, déclare irrecevable Henri d'Orléans en ses demandes d'interdiction de port de titre et d'armoiries, ainsi que Ferdinand de Bourbon-Siciles et Sixte-Henri de Bourbon-Parme en leur intervention ; laisse au demandeur et aux intervenants la charge des dépens[1]. »

Si les familles peuvent ainsi défendre l'exclusivité de leurs armoiries devant la justice républicaine, la cause est plus délicate pour les communes, dont le blason appartient à la collectivité. « Depuis la loi du 5 avril 1884, aucune disposition législative ou réglementaire n'encadre spécifiquement les conditions dans lesquelles les communes arrêtent leurs signes distinctifs, et notamment leurs blasons et armoiries. La détermination de ces signes relève donc du principe de libre administration des collectivités territoriales », précise ainsi le ministre de l'Intérieur, Bernard Cazeneuve, à un sénateur fâché de voir qu'un maire honoraire continuait d'utiliser le blason de sa commune sur son papier à en-tête, concurremment avec le maire élu. Or, « ces signes ou d'autres représentations graphiques s'en rapprochant peuvent en principe être librement utilisés par les particuliers, y compris le maire honoraire d'une commune[2] ».

---

1. Tribunal de grande instance de Paris, 21 décembre 1988, « Prince Henri d'Orléans ».
2. *Journal officiel*, Sénat, 20 octobre 2016, p. 4560.

Le Conseil d'État a ainsi accepté l'utilisation d'armoiries communales sur des tracts et des bulletins de vote de candidats aux municipales[1]. Il est également possible de reproduire les armoiries d'une collectivité locale à des fins commerciales, sous réserve que l'utilisation de ces armoiries ou images ne crée pas un préjudice « direct et certain » à la collectivité[2].

Contre le plagiat d'armoiries, il existe tout de même une parade, suggérée par le ministre : déposer les armoiries « en tant que marque auprès de l'Institut national de la propriété industrielle », comme une vulgaire étiquette de fromage...

On tremble toutefois en pensant que la République française n'a rien fait de tel pour protéger son propre blason. Certes, la justice l'a dit, celui de la royauté n'est plus que l'emblème privé de la famille de Bourbon, mais la République aussi a des armes : les lettres RF sur une pelta, petit bouclier romain en forme de croissant terminé par des têtes d'animaux, le tout sur un faisceau de licteur enlacé de chêne et d'olivier, qui symbolisent la Justice et la Paix en même temps que l'unité du Nord et du Midi.

Cet emblème, toutefois, date de la IIIe République ; récupéré tel quel, il s'est retrouvé sur de nombreux documents et sites, et en particulier sur les passeports des citoyens français, sans avoir le plus petit fondement juridique !

---

1. Conseil d'État, 7 mars 1990, « Élections municipales de Givet » ; 25 septembre 1990, « Élections municipales d'Ostwald ».

2. Cour de cassation, 2 mai 1996, « Comité régional touristique de Bretagne ».

À la demande de l'ONU, qui souhaitait pour la salle des assemblées générales réunir les armoiries de chaque État-membre, la France a fourni en 1953 une autre composition, qui se blasonne ainsi : « « D'azur, au faisceau de licteur posé en pal, sur deux branches de chêne et d'olivier passées en sautoir, le tout d'or lié par un ruban du même, chargé de la devise : Liberté – Égalité – Fraternité en lettres de sable. » Encore une survivance de la IIIe République puisque ce panneau, toujours présent au siège de la France, est entouré d'un dessin du grand cordon de la Légion d'honneur qui, si on le regarde à la loupe, est un modèle de 1881, légèrement différent de l'actuel. Ces armoiries, fournies dans l'urgence sans que les diplomates leur consacrent beaucoup d'attention, n'ont pas plus de base légale que celles ornant les passeports et signalant les postes diplomatiques ou consulaires français...

En effet, la Constitution de 1958, en son article 2, ne prévoit d'autres attributs que ceux-ci :

« La langue de la République est le français.

« L'emblème national est le drapeau tricolore, bleu, blanc, rouge.

« L'hymne national est "La Marseillaise".

« La devise de la République est "Liberté, Égalité, Fraternité". »

Rien sur la forme de l'écu, bouclier en forme de pelta ou autre ; rien sur le dessin du blason ni sur sa symbolique, ni dans la Constitution, ni dans la loi, ni dans le plus petit décret ou arrêté...

Les armoiries de la France, définies nulle part, ne sont pas non plus protégées par un dépôt de marque à l'INPI et il est loisible à l'exécutif de les triturer à son gré : ainsi, en 2018, Emmanuel Macron prit-il l'initiative de leur ajouter une croix de Lorraine, sans avoir à demander aucune sorte d'autorisation, ni au Parlement ni à aucune autorité en charge de l'héraldique nationale. En l'état actuel du droit, un président futur pourrait les agrémenter d'une fleur de lys, d'un delta maçonnique, d'une faucille et d'un marteau entrecroisés ou de sa propre effigie, sans que personne ne puisse juridiquement s'y opposer…

À quand une révision constitutionnelle de l'article 2, par laquelle on demanderait enfin aux Français de se prononcer sur les armes de leur République ?

Chapitre VIII

MARÉCHALAT, NOUS REVOILÀ

Au petit matin du vendredi 27 janvier 1967, à l'hôpital militaire du Val-de-Grâce à Paris, s'éteignait au terme d'une longue agonie le maréchal Juin, l'ancien chef du corps expéditionnaire français en Italie, le vainqueur du Garigliano.

La mort de ce grand soldat, dans sa soixante-dix-huitième année, suscita une forte émotion au plus haut niveau. « Le général de Gaulle, qui est l'ancien camarade de promotion du maréchal à Saint-Cyr, et qui s'était rendu, notamment en novembre dernier, à son chevet, est venu, à 11 h 50, présenter ses condoléances à Mme Juin », rapporte *Le Monde*, qui n'ignore pas les dissensions causées par le drame algérien entre le Président de la République et le défunt, natif de Bône. « Le chef de l'État, en uniforme, était accompagné du vice-amiral d'escadre Philippon, chef d'état-major particulier du Président de la République. Peu après, c'était le tour du général Ailleret, chef d'état-major des armées. » D'autres personnalités suivent, comme Gaston Palewski, président du Conseil constitutionnel, et Maurice Doublet, préfet de Paris, mais aussi l'archevêque de Paris, Mgr Veuillot, et même le comte de Paris, prétendant au trône de France. L'Ancien Régime et la République se concertent pour organiser des funérailles grandioses au dernier maréchal de France.

Depuis cette date en effet, plus aucun Français vivant n'a porté le titre de maréchal. Pour autant, le statut du maréchalat existe toujours, et peut même être décerné à titre posthume.

Cette institution, très ancienne puisqu'elle remonte au règne de Philippe-Auguste, au XIIe siècle, avait connu une éclipse à la fin de la monarchie absolue. La Révolution semblait avoir définitivement sonné le glas des maréchaux, la Convention ayant aboli ce titre en 1793, quand Napoléon songea qu'il pouvait, en ressuscitant ce souvenir de la royauté, distinguer les meilleurs de ses généraux, ou du moins entretenir une saine émulation parmi ses plus hauts gradés. C'est ainsi que l'Empire nomma au total vingt-six maréchaux, dont dix-neuf aujourd'hui bien connus des automobilistes parisiens qui empruntent la ceinture de boulevards baptisés de ces noms éclatants : Ney, Lannes, Suchet, Murat, Mortier, Macdonald...

Le maréchalat, ainsi remis à l'honneur à partir de 1804, a ensuite perduré sous tous les régimes : royauté restaurée, monarchie de Juillet, Second Empire. La République elle-même eut ses maréchaux, dans le contexte de la Grande Guerre : le titre, boudé après 1870, fut en effet revivifié pour Joffre en 1916, et même un républicain intransigeant comme Clemenceau prit l'initiative du décret du 6 août 1918 faisant à son tour de Ferdinand

Foch un maréchal de France. Le Tigre, à cette occasion, signa lui-même le rapport au Président Poincaré qui accompagnait le décret, inscrivant ainsi une page de poésie épique dans les grises colonnes du *Journal officiel* :

« Monsieur le Président,

« Le décret du 24 décembre 1916 a fait revivre une première fois la dignité de maréchal de France.

« J'ai l'honneur de soumettre à votre signature, au nom du Gouvernement, et, je peux l'affirmer, au nom de la France entière, un décret conférant au général Foch cette haute récompense nationale.

« À l'heure où l'ennemi, par une offensive formidable sur un front de 100 kilomètres, comptait arracher la décision et nous imposer cette paix allemande qui marquerait l'asservissement du monde, le général Foch et ses admirables soldats l'ont vaincu.

« Paris dégagé, Soissons et Château-Thierry reconquis de haute lutte, plus de 200 villages délivrés, 35 000 prisonniers, 700 canons capturés, les espoirs hautement proclamés par l'ennemi, avant son attaque, écroulés, les glorieuses armées alliées jetées, d'un seul flan victorieux, des bords de la Marne aux rives de l'Aisne, tels sont les résultats d'une manœuvre aussi admirablement conçue par le haut commandement que superbement exécutées par des chefs incomparables.

« La confiance placée par la République et par tous ses alliés dans le vainqueur des marais de Saint-Gond, dans le chef illustre de l'Yser et de la Somme, a été pleinement justifiée.

« La dignité de maréchal de France, conférée au général Foch, ne sera d'ailleurs pas seulement une récompense pour les services passés : elle consacrera mieux encore, dans l'avenir, l'autorité du grand homme de guerre, appelé à conduire les armées de l'entente à la victoire définitive. »

Après Joffre et Foch, la République éleva encore cinq de ses généraux au titre de maréchal[1] et promulgua la loi du 27 mars 1929 « portant que les maréchaux de France, les généraux ayant commandé en chef ou ayant exercé le commandement d'un groupe d'armées ou d'une armée pendant la guerre de 1914, pourront être inhumés à l'hôtel national des Invalides ». Une loi promulguée par le Président Doumergue et toujours en vigueur elle aussi, quoique tous ses bénéficiaires potentiels soient morts depuis longtemps... Mais les familles de héros injustement oubliés pourraient encore s'en prévaloir.

Si le maréchalat distingua des héros, peut-être incita-t-il aussi à la félonie ceux qui, n'ayant plus de galons supérieurs à espérer, regardèrent du côté de l'étranger... Telle fut la thèse que développa le polémiste Jean Galtier-Boissière dans *Tradition de la trahison chez les maréchaux*, un pamphlet paru clandestinement sous l'Occupation : Pétain, expliquait-il, s'inscrirait dans la lignée de ces maréchaux d'Empire

1. Philippe Pétain (1856-1951) en 1918 ; Émile Fayolle (1852-1928), Louis Franchet d'Espèrey (1856-1942), Joseph Galliéni (1849-1916) et Hubert Lyautey (1854-1934) en 1921 ; Joseph Maunoury (1847-1923) en 1923.

comme Bernadotte et Marmont qui lâchèrent Napoléon, ou de Bazaine qui livra Metz aux Prussiens en 1871 parce qu'il ne voulait pas de la République.

La condamnation de Philippe Pétain, en 1945, lui fit perdre ses grades et distinctions, mais un débat survint sur son titre de maréchal, que ses partisans considéraient comme ineffaçable. Quant au maréchalat lui-même, il survécut encore au pétainisme et si le général de Gaulle n'envisagea surtout pas d'acquérir ce titre, quatre de ses compagnons d'armes dans la France libre en furent honorés, dont Alphonse Juin.

On devient maréchal par décret, sauf si l'on est mort : dans ce cas, une loi est nécessaire... En effet, il est possible par la loi de conférer le maréchalat à titre posthume : ainsi, c'est une loi du 15 janvier 1952 qui autorisa le gouvernement à prendre le décret du même jour accordant la dignité de maréchal de France au général d'armée Jean de Lattre de Tassigny, qui venait de s'éteindre quatre jours plus tôt. De même, la loi du 11 juillet 1952 autorisa le Président Auriol à donner ce même titre au général Leclerc, décédé en 1947, ce qui fut fait par décret le 23 août 1952. Car rien n'empêche le législateur d'accorder le maréchalat posthume à un grand soldat tombé des années ou des décennies plus tôt. Ainsi, ce fut par un décret du 6 juin 1984 que François Mitterrand fit maréchal de France le général Kœnig, ancien chef de la 1re brigade française libre à Bir Hakeim, Compagnon de la Libération, héros de la seconde guerre mondiale, décédé le

2 septembre 1970, c'est-à-dire près de quatorze années auparavant. En fait, Alphonse Juin fut le seul général de la France libre à devenir maréchal de son vivant, le 14 juillet 1952.

Avis aux amateurs de coups politico-médiatiques : le Parlement français pourrait fort bien, un jour, honorer d'un bâton étoilé le général Delestraint, chef de l'Armée secrète sous l'Occupation, déjà célébré d'une plaque au Panthéon, mais aussi des généraux de la Révolution comme Hoche, Marceau, Kléber, Carnot – ou encore Dumas, père d'Alexandre, afin de valoriser la part des combattants noirs dans les armées de la République –, voire, à six siècles d'écart, bombarder Jeanne d'Arc ou Jeanne Hachette « maréchales de France » pour féminiser la profession… Dans son principe, le maréchalat s'inscrit dans le temps long des institutions et de la grande Histoire.

C'est pourquoi les lois successives portant statut général des militaires ont toutes comporté des dispositions relatives au maréchalat ; celle du 13 juillet 1972 était promulguée alors même que la France ne comptait plus un seul maréchal vivant depuis cinq ans déjà, et le dispositif a été repris plus récemment dans la loi du 24 mars 2005, qui prévoit en son article 19 que « la hiérarchie militaire générale est la suivante :

« 1° Militaires du rang ;

« 2° Sous-officiers et officiers mariniers ;

« 3° Officiers ;

« 4° Maréchaux de France et amiraux de France. »

Ainsi, les maréchaux ne sont pas à proprement parler des officiers, mais, quand ils existent, forment une catégorie hiérarchiquement supérieure aux officiers ; et, pour expliciter cette subtilité, l'article comporte cette mention sibylline : « Le titre de maréchal de France et le titre d'amiral de France constituent une dignité dans l'État. »

Autrement dit, maréchal de France n'est pas un grade, comme capitaine, colonel ou général, mais véritablement une qualité exprimant une *dignité*. Bien sûr, tous ceux qui l'ont obtenue étaient des officiers généraux qui avaient remporté de grandes victoires, mais aucune condition très précise n'est fixée pour accéder au titre de maréchal.

Celui-ci donne droit au port de sept étoiles – au lieu de cinq pour un général d'armée – et au fameux bâton de maréchal, bleu étoilé, orné à ses extrémités de deux viroles d'or, et sur lequel se lit la devise : *Terror bellis, decus pacis* – Terreur pendant la guerre, ornement en temps de paix. S'il a des armoiries, le maréchal peut d'ailleurs faire figurer deux bâtons d'azur semés d'étoiles d'or, en sautoir, derrière l'écu de ses armes, ce qui vous classe son homme.

Le maréchalat comporte en outre des avantages matériels, en vertu d'un décret de la IVe République signé Antoine Pinay, alors président du Conseil. En effet, le décret n° 52-1323 du 12 décembre 1952 « fixant la rémunération des maréchaux de France », est ainsi rédigé :

> Art. 1er. – Il est attribué aux maréchaux de France une rémunération qui comprend :
> Un traitement, non soumis à retenue pour pension, égal à celui des fonctionnaires et magistrats classés "hors échelle, groupe A" ;
> Une dotation personnelle pour frais de représentation fixée, quelle que soit leur situation, au taux annuel de 600000 F.
> Art. 2. – Les maréchaux de France ont droit aux indemnités accessoires de solde acquises aux officiers généraux en activité de service. L'indemnité de frais de représentation allouée aux maréchaux de France pourvus d'un commandement se cumule avec leur dotation personnelle pour frais de représentation.

Ces « 600000 francs » de frais de représentation, toutefois, ne doivent pas laisser penser qu'un maréchal de France roule sur l'or : accordés par un décret Pinay de 1952, ils s'entendent en anciens francs, avant la réforme monétaire conduite par le même Pinay lorsqu'il deviendra ministre des Finances du général de Gaulle au début de la Ve République. Au tarif d'un nouveau franc (NF) pour cent anciens francs (AF), le pactole du maréchal ne représenterait donc que 6000 NF, soit seulement 914,70 euros, si le général de Gaulle n'avait jugé nécessaire de rehausser le prestige du maréchalat…

En effet, il existe un décret n° 60-817 du 2 août 1960 « portant modification du décret n° 52-1323 du 12 décembre 1952 fixant la rémunération des maréchaux de France », qui porte celle-ci « au taux annuel de 9 000 NF ». Il est toujours en vigueur.

Symboliquement, ce décret compte parmi ceux qui portent la prestigieuse mention : « Fait à Colombey-les-Deux-Églises », avant la signature de Charles de Gaulle, Président de la République, du Premier ministre et des ministres concernés. En termes relatifs, il s'agit de la réforme sociale la plus généreuse de la France gaullienne, puisqu'elle se traduisit par une augmentation de 50 % ; hélas, au moment de sa signature, le décret ne concernait plus qu'un seul bénéficiaire : Juin, qui s'éteindra en 1967.

Depuis, faute de maréchaux et de lobbying en leur faveur, aucun texte n'est venu revaloriser les « 9 000 NF » de frais de représentation auxquels aurait toujours droit un éventuel maréchal de France nommé en 2022. Une aumône qui, après six décennies d'inflation, lui paierait à peine la réalisation de son bâton étoilé d'argent chez un orfèvre réputé : avec 1 372,05 euros de frais de représentation par an, soit un peu moins de 115 euros par mois, maréchal de France, ça ne paie plus…

Il reste heureusement le traitement de fonctionnaire « hors échelle » de catégorie A, prévu dans le décret de 1952 et jamais remis en question. Et aussi, pour « la maréchale » c'est-à-dire l'épouse, l'assurance d'une petite pension en cas de veuvage.

En période d'inflation, un coup de pouce est possible. Ainsi, la loi du 14 avril 1929 accorda « des suppléments exceptionnels de pension aux veuves des maréchaux de France et des généraux ayant exercé de grands commandements », en un temps où il n'était guère concevable que le conjoint soit un homme. Au reste, cette loi toujours en vigueur formellement n'a plus de bénéficiaires vivants ni même possibles, puisqu'elle portait explicitement sur les maréchaux et généraux ayant commandé « pendant la guerre de 1914-1918 ».

Si d'aventure une femme mariée ou un homosexuel pacsé accédait un jour au maréchalat, il faudrait que le Parlement modernise cette législation datée et sexuée. Députés et sénateurs pourraient aussi tourner la difficulté en votant exceptionnellement une loi personnelle, si le Conseil constitutionnel ne la bloque pas.

C'est ainsi qu'au *Journal officiel* du 30 mars 1929, on trouve un décret de la veille « concédant à Mme la maréchale Foch la jouissance de l'hôtel sis à Paris, 138, rue de Grenelle », ainsi qu'une loi « portant attribution d'une pension exceptionnelle et viagère à la veuve du maréchal Foch ».

Cette loi lui accordait généreusement, « en sus de la pension normale [...], une pension exceptionnelle de 100 000 fr., réversible sur la tête de ses petits-enfants jusqu'à leur majorité ». La famille, il est vrai, avait été cruellement éprouvée, Foch ayant perdu son fils et son gendre le 22 août 1914, trois semaines après le début des combats. Par conséquent, il fut ouvert au ministre des Finances un crédit applicable à un chapitre nouveau portant le numéro 52 *bis* du budget et intitulé : « Pension exceptionnelle et viagère à la veuve du maréchal Foch ».

Cette disposition budgétaire eut toutefois des effets moins durables que le décret, qui maintenait la veuve dans la prestigieuse résidence de fonction attribuée dès 1919 au maréchal : le bel hôtel de Noirmoutier, « tel qu'il se comporte actuellement avec les objets d'ameublement qu'il renferme, [concédé] gratuitement à Mme la maréchale Foch, sa vie durant, en vue de son habitation personnelle ». Ses petits-enfants étaient depuis longtemps majeurs, et l'un d'eux décédé et fait Compagnon de la Libération, quand Julie Foch s'éteignit, à l'âge de 90 ans, en 1950. Le bien de l'État qu'elle avait occupé pendant trente ans retrouva ensuite un usage administratif en abritant successivement l'Inspection des forces terrestres, maritimes et aériennes de l'Afrique française du Nord, l'éphémère ministère du Sahara, puis le secrétariat général pour la Communauté des Affaires africaines et malgaches du Françafricain Jacques Foccart. Depuis 1970, c'est la résidence du préfet de Paris, également préfet de la région Île-de-France.

Quant à la veuve du maréchal Juin, à qui le général de Gaulle était venu présenter ses condoléances, une loi personnelle du 28 décembre 1967 l'exonéra de tous droits de succession.

Chapitre VIII

UN FLOTTEMENT SUR L'AMIRALAT

Il y a plus mystérieux encore que le maréchalat : son équivalent naval l'amiralat, ou pour mieux dire, le titre d'*amiral de France.* Car il y a amiralat et amiralat. À ne pas confondre avec les grades de contre-amiral, vice-amiral, vice-amiral d'escadre et amiral, le titre d'*amiral de France* constitue lui aussi une « dignité dans l'État », reconnue comme telle par la loi du 24 mars 2005 portant statut général des militaires.

Encore une survivance d'Ancien Régime, puisqu'on trouve trace d'un amiral de France dès l'an 1270 : Florent de Varennes, ainsi honoré par Saint Louis pour le rôle de ses nefs dans la VIIIe Croisade… Remplacée au XVIIe siècle par la charge de « grand-maître de la Navigation », la dignité d'amiral de France renaît en 1669 pour Louis de Bourbon, comte de Vermandois : fruit des amours de Louis XIV avec Mme de La Vallière et premier enfant du monarque, ce grand marin n'était âgé que de deux ans à la date de sa nomination et ce titre, purement honorifique et de circonstances, ne servit qu'à renforcer l'emprise directe du roi sur sa flotte.

Plus tard, d'authentiques combattants des mers accédèrent à cette prestigieuse dignité, que Napoléon gonfla d'un adjectif pour flatter Murat, promu « grand amiral de France » en 1805 : déjà maréchal et prince, ce dignitaire s'était surtout illustré dans la cavalerie et n'exerça aucune responsabilité navale. Après 1815, le titre redevint plus sobrement « amiral de France » et poursuivit sa course, jusqu'à François Thomas Tréhouart de Beaulieu, nommé en 1869 par Napoléon III.

Ayant débuté comme simple mousse, et connu l'épreuve du feu à Navarin, dans la bataille qui contribua à libérer la Grèce en dispersant la flotte turco-égyptienne en 1827, Thomas Tréhouart de Beaulieu est surtout resté dans l'histoire navale pour avoir commandé en chef l'escadre franco-anglaise dans la bataille de la Vuelta d'Obligado, un tournant vicieux du fleuve Paraná, en Amérique du Sud.

Officiellement, il s'agit d'une victoire pour la France et l'Angleterre, dont l'escadre conjointe, le 20 novembre 1845, écrasa les défenses argentines du dictateur Rosas, qui voulait interdire la navigation du Río Paraná aux puissances étrangères.

Pour les Argentins en revanche, l'Obligado constitue un souvenir de résistance héroïque et d'affirmation de la nation, d'autant que l'escadre franco-anglaise, si elle détruisit les coques de noix argentines et pulvérisa les pauvres batteries disposées sur les rives, ne put complètement forcer le cours du Paraná, barré par une forte chaîne. Une victoire indécise et moyennement glorieuse en somme, plus fluviale que navale par ailleurs, que la France s'est empressée d'oublier ; ainsi, l'ancienne rue parisienne d'Obligado a été rebaptisée en 1947, à l'occasion d'une visite d'Eva Perón, épouse du président argentin de l'époque, de même que la station de métro éponyme, devenue « Argentine ». Bref, en France, tout le monde a oublié la semi-victoire de la Vuelta d'Obligado et depuis, les occasions de nommer un nouvel amiral de France se sont faites extraordinairement rares.

L'amiral Darlan, en 1939, eut bien droit à un titre ronflant, « amiral de la flotte », mais ce pléonasme ne visait qu'à le placer au même rang que l'*Admiral of the Fleet* britannique : aucun rapport avec la dignité d'amiral de France, titre vacant depuis la mort de Thomas Tréhouart de Beaulieu, en retraite sur le bassin d'Arcachon, le 8 novembre 1873.

Il est juste de reconnaître que la dernière bataille navale remportée par la marine française a plus de quatre-vingts ans : elle remonte au 19 janvier 1941, à Ko Chang, quand en baie de Siam, le croiseur *Lamothe-Picquet* flanqué de quatre avisos envoya par le fond les modestes bâtiments du royaume de Thaïlande. Alliés du Japon, les Thaïlandais lorgnaient les colonies françaises d'Indochine ; la bataille de Ko Chang ne fit que retarder la perte de celles-ci et cette victoire au nom exotique, par une flottille coloniale hétéroclite, sur une puissance maritime tout à fait médiocre dont les navires étaient d'ailleurs à quai, n'a pas donné lieu à de grandes manifestations d'orgueil national. Il s'agissait au surplus d'un fait d'armes de l'État français, dont il était difficile de se vanter après la condamnation de Pétain.

Ainsi, la dignité d'amiral de France n'est plus décernée depuis le Second Empire et son dernier titulaire s'est éteint en 1873. Pour autant, le statut général des armées, quoique réactualisé en 2005, prévoit toujours la possibilité d'en nommer un, au point que sa tenue, sa casquette et même le dessin de ses épaulettes – sept étoiles d'argent escortant une ancre d'or, sur fond noir, très chic – sont précisément réglementés de nos jours. Un plaisantin qui arborerait cet emblème fantôme tomberait sous le coup de la loi, pour port illégal d'uniforme et usurpation de titre.

Maintenu dans les textes, l'amiral de France jouit théoriquement des mêmes « 9 000 NF » de frais de représentation annuels que son homologue terrestre le maréchal, soit près de 115 euros par mois.

Au reste, la liste des titulaires depuis le règne de Louis IX montre que, si elle a eu des maréchaux, la République n'a jamais toléré qu'un seul amiral de France : Charles Henri d'Estaing, en 1793, héros naval de la guerre de l'Indépendance américaine, resté au service de la France après l'exécution de Louis XVI – ce qui n'empêcha pas ce ci-devant d'être déclaré suspect, puis de finir guillotiné en 1794... « Quand vous aurez fait tomber ma tête, envoyez-la aux Anglais, ils vous la paieront cher », ironisa-t-il devant le Tribunal révolutionnaire.

Ignorée sous la IIe République, entre 1848 et 1852, cette dignité n'a plus jamais été conférée depuis la proclamation de la IIIe, le 4 septembre 1870. Presque toujours attribuée par des monarques – rois ou empereurs –, la titulature d'amiral de France continue toutefois de flotter dans l'océan de notre législation républicaine, sans prendre l'eau ni baisser pavillon ; elle représente même l'horizon ultime de cette arme de tradition qu'est la Marine nationale, qu'on ne surnomme pas pour rien « la Royale »...

Chapitre IX

L'AIGLE SOLITAIRE

Pour honorer ses amiraux, maréchaux et autres grands soldats, la France dispose d'une autre institution royale : les Invalides.

Il s'agit à l'origine d'un hôpital, créé par Louis XIV pour les vétérans de ses guerres. Cette fonction perdure aujourd'hui, mais l'immense monument est aussi devenu un lieu de mémoire, visité pour les inépuisables collections du Musée de l'Armée et, bien sûr, le tombeau de l'Empereur.

On sait moins que la présence posthume de Napoléon, dans son tombeau de quartzite rouge de Kostchoka, résulte d'une loi, âprement discutée.

Le mardi 12 mai 1840 en effet, alors que les députés examinaient les tarifs douaniers sur les sucres, le débat budgétaire fut interrompu par le ministre de l'Intérieur, Rémusat, qui au nom du gouvernement de Louis-Philippe Ier, roi des Français, leur fit cette incroyable annonce : « Messieurs, le Roi a ordonné à S. A. R. Mgr le prince de Joinville[1] de se rendre avec sa frégate à l'île de Sainte-Hélène, pour y recueillir les restes mortels de l'empereur Napoléon. *(Mouvement général. Des acclamations et des applaudissements éclatent dans toutes les parties de l'assemblée.)* »

Et, encouragé par ces marques d'enthousiasme, le ministre ajoute cette précision importante : « Nous venons vous demander les moyens de les recevoir dignement sur la terre de France, et d'élever à Napoléon son dernier tombeau. *(Très-bien ! très-bien !)* [...]

« La frégate chargée des restes mortels de Napoléon se présentera au retour à l'embouchure de la Seine. Un autre bâtiment les rapportera jusqu'à Paris. Ils seront déposés aux Invalides. Une cérémonie solennelle, une grande pompe religieuse et militaire inaugurera le tombeau qui doit les garder à jamais.

« Il importe, en effet, Messieurs, à la majesté d'un tel souvenir, que cette sépulture auguste ne demeure pas exposée sur une place publique, au milieu d'une foule bruyante et distraite. Il convient qu'elle soit placée dans un lieu silencieux et sacré, où puissent la visiter avec recueillement tous ceux qui respectent la gloire et le génie, la grandeur et l'infortune. *(Vive et religieuse émotion.)*

« Il fut empereur et roi ; il fut le souverain légitime de notre pays. *(Marques éclatantes d'assentiment.)*

---

1. François d'Orléans, prince de Joinville (1818-1900), troisième fils de Louis-Philippe Ier. Capitaine de vaisseau, il commande la frégate *la Belle-Poule*.

À ce titre, il pourrait être inhumé à Saint-Denis. Mais il ne faut pas à Napoléon la sépulture ordinaire des rois. Il faut qu'il règne et commande encore dans l'enceinte où vont se reposer les soldats de la patrie, et où iront toujours s'inspirer ceux qui seront appelés à la défendre. Son épée sera déposée sur sa tombe.

« L'art élèvera sous le dôme, au milieu du temple consacré par la religion au dieu des armées, un tombeau digne, s'il se peut, du nom qui doit y être gravé. Ce monument doit avoir une beauté simple, des formes grandes, et cet aspect de solidité inébranlable qui semble braver l'action du temps. Il faudrait à Napoléon un monument durable comme sa mémoire. *(Très-bien ! très-bien !)* »

Immédiatement, un projet de loi est déposé, tendant à ouvrir « au ministre de l'Intérieur, sur l'exercice 1840, un crédit spécial de 1 million, pour la translation des restes mortels de l'empereur Napoléon à l'église des Invalides, et pour la construction de son tombeau ».

C'est sans doute la première et dernière fois qu'une rotation d'un navire de guerre est financée au budget du ministère de l'Intérieur, et non de la Marine ou de la Guerre, mais nul ne relève ce détail. Il s'agit surtout de savoir quel monument sera édifié, et en quel lieu, pour honorer Napoléon, sujet déjà passionnel à l'époque. « L'impression produite par la communication du Gouvernement amène une suspension de la séance. Les députés quittent leurs places et forment différents groupes dans l'hémicycle ; les conversations y paraissent très animées.

MM. le ministre de l'Intérieur et le président du Conseil[1] reçoivent les félicitations empressées et sympathiques des membres de la Chambre. Après plus d'un quart d'heure d'interruption le silence se rétablit », rapporte *Le Moniteur universel*[2].

C'est pourquoi, dans les séances du 23 mai et du 26 mai 1840, la question du retour des cendres surchauffe l'hémicycle du Palais-Bourbon. Le débat n'est plus budgétaire qu'incidemment : c'est la mémoire de Napoléon qui se trouve en discussion.

Le vieux maréchal Clauzel, rapporteur du texte, s'exprime « avec une émotion que vous comprendrez facilement chez un vieux soldat ». Pour lui, aucun doute, c'est aux Invalides que doit prendre place le tombeau de l'Empereur : « Déjà d'ailleurs, Messieurs, le génie de Napoléon est partout empreint à l'hôtel des Invalides. C'est lui qui y a fait déposer les deux lieutenants illustres de Louis XIV ; c'est lui qui a chargé ses voûtes de tous ces drapeaux qui attestent nos cent victoires ; c'est là enfin qu'il fit la première distribution de la Légion d'honneur. Ce lieu se rattache donc de tous côtés à sa mémoire, et deux de nos grandes institutions seront honorées par notre choix, les Invalides mêmes et la Légion d'honneur. [...]

« Napoléon reposera donc aux Invalides, mais seul..., et c'est pour cela que nous avons introduit dans la loi un article qui porte que le tombeau

1. Adolphe Thiers (1797-1877), alors député des Bouches-du-Rhône, futur Président de la République.

2. Il préfigure le *Journal officiel*, créé en 1869.

sera placé sous le dôme, et que ce dôme ainsi que les chapelles qui l'entourent, seront exclusivement réservés à la sépulture de l'empereur Napoléon, sans que jamais à l'avenir un autre cercueil y puisse prendre place. »

Le maréchal voudrait encore un million supplémentaire pour ériger une statue équestre de l'Empereur sur une place publique, comme on le faisait jadis pour les rois, mais la ferveur des bonapartistes excite l'opposition.

Le 26 mai 1840, le démocrate Glais-Bizoin proteste : « Avant donc de quitter la tribune, je leur déclare que je m'associerais aux vœux du Gouvernement, aux leurs, d'aller chercher à Sainte-Hélène, non seulement avec une frégate, mais avec une flottille, mais avec une escadre, les restes de Napoléon, si les envoyés devaient laisser dans son tombeau les idées bonapartistes, les idées napoléoniennes, que je regarde comme une des plaies les plus vives de notre ordre social, comme ce qu'il y a de plus funeste pour l'émancipation des peuples, comme ce qu'il y a encore aujourd'hui de plus contraire à l'indépendance de l'esprit humain. »

Alphonse de Lamartine enchérit : « Quoiqu'admirateur de ce grand homme, je n'ai pas un enthousiasme sans souvenir et sans prévoyance. Je ne me prosterne pas devant cette mémoire ; je ne suis pas de cette religion napoléonienne, de ce culte de la force que l'on veut depuis quelque temps substituer dans l'esprit de la nation à la religion sérieuse de la liberté. Je ne crois pas qu'il soit bon de déifier ainsi sans cesse la guerre, de surexciter ces bouillonnements déjà trop impétueux du sang français, qu'on nous représente comme impatient de couler, après une trêve de vingt-cinq ans ; comme si la paix, qui est le bonheur et la gloire du monde, pouvait être la honte des nations ! [...]

« Mais soit que vous choisissiez Saint-Denis ou le Panthéon, ou les Invalides, souvenez-vous d'inscrire sur ce monument, où il doit être à la fois soldat, consul, législateur, empereur, souvenez-vous d'y écrire la seule inscription qui réponde à la fois à votre enthousiasme et à votre prudence, la seule inscription qui soit faite pour cet homme unique et pour l'époque difficile où vous vivez : *À Napoléon seul !*

« Ces trois mots, en attestant que ce génie militaire n'eut pas d'égal, attesteront en même temps à la France, à l'Europe, au monde, que si cette généreuse nation sait honorer ses grands hommes, elle sait aussi les juger, elle sait séparer en eux leurs fautes de leurs services *(Très-bien ! très-bien !),* elle sait les séparer même de leur race et de ceux qui les menaceraient en leur nom, *(Très-bien ! longue sensation),* et qu'en élevant ce monument et en y recueillant nationalement cette grande mémoire, elle ne veut susciter de cette cendre ni la guerre, ni la tyrannie, ni des légitimités, ni des prétendants, ni même des imitateurs. »

Malgré l'agitation suscitée par ces opposants de grand style, la loi est votée. La frégate *la Belle-Poule* met le cap sur Sainte-Hélène et, après bien des péripéties qui feront les délices des historiens, le retour des cendres a lieu, le 15 décembre 1840. Un char funèbre gigantesque, noir et or, tiré par douze chevaux caparaçonnés au chiffre de Napoléon, traverse Paris, de l'Arc-de-triomphe aux Invalides, sur un parcours jalonné de statues allégoriques où Parisiens et demi-soldes grelottent joyeusement pour saluer, une dernière fois, l'Empereur des Français.

Il reste, toutefois, à construire ce fameux tombeau.

Rarement une loi aura mis si longtemps à s'appliquer. Inhumé temporairement en la chapelle Saint-Jérôme, Napoléon attendra plus de vingt ans que le concours d'architectes distingue le projet de Visconti, puis que celui-ci soit réalisé. Ce sera sous le Second Empire, en présence de Napoléon III, que le cercueil sera enfin transféré, le 2 avril 1861, au centre de la crypte.

Longtemps plus tard, et cent ans jour pour jour après le retour des cendres, c'est l'Aiglon qui rejoint son auguste père, au terme d'une cérémonie voulue par les autorités d'occupation. Hitler pense amadouer la France vaincue en consentant ce geste par lequel, venue d'Autriche, la dépouille du roi de Rome et duc de Reichstadt rejoint les Invalides, en cette glaciale journée du 15 décembre 1940. « Du charbon, non des cendres ! » murmurent les Parisiens, en réponse aux hyperboles de la propagande collaborationniste.

Depuis, l'Aiglon repose dans la crypte, au bas du tombeau de l'Empereur. Mais quelle est la légalité de cette inhumation, organisée sous la botte allemande, durant le régime de fait de l'État français ? Est-elle seulement permise par la loi votée sous Louis-Philippe ?

Publiée au *Moniteur universel* du 14 juin 1840, la loi « relative à la translation des restes mortels de l'empereur Napoléon » est très claire : « Le tombeau sera placé sous le dôme, exclusivement réservé, ainsi que les quatre chapelles latérales, à la sépulture de l'empereur Napoléon. À l'avenir, aucun cercueil ne pourra y prendre place. »

Signé au palais des Tuileries, « le 10e jour du mois de juin, l'an 1840 », par le roi des Français, visé par le ministre de l'Intérieur, puis « scellé du grand-sceau » par son collègue de la Justice, le texte ne souffre aucune ambiguïté : c'est dans la plus totale illégalité que, depuis le 15 décembre 1940, l'Aiglon repose aux Invalides. Pauvre duc de Reichstadt, le mal-aimé de l'Histoire, qui même après la mort ne put trouver sa place…

Au Panthéon du moins, les proches des grands hommes peuvent obtenir régulièrement une tombe auprès d'un panthéonisé : Sophie Berthelot est inhumée aux côtés de son époux le chimiste et ministre Marcellin Berthelot, mort de chagrin juste après le décès de sa femme ; Marc Schœlcher dort pour l'éternité aux côtés de son fils Victor, et plus récemment Antoine Veil est resté en compagnie de son épouse Simone.

Quand, par ailleurs, les proches survivent au grand nom, il reste la ressource de leur accorder par la loi une pension viagère, comme aux plus beaux temps de la monarchie.

Chapitre X

TÊTES DE LINOTTE

Avant même de panthéoniser Rousseau, la France se préoccupait d'honorer sa mémoire en prenant soin de celle qu'on appelait « sa veuve », Marie-Thérèse Levasseur, quoiqu'en trente-trois ans de vie commune, le couple n'ait jamais pris le temps de se marier ; protestant et citoyen de Genève, Rousseau ne pouvait certes convoler sans se renier dans la France catholique et royale, aussi préféra-t-il concevoir une union strictement contractuelle qui préfigurait le mariage civil. Le philosophe et la lingère n'avaient pas davantage ressenti le besoin d'élever leurs cinq lardons d'ailleurs, tous déposés aux Enfants-trouvés, et qui ne grevaient donc point le budget de Marie-Thérèse. Mais celle-ci, sexagénaire, sans autres ressources que les textes du défunt Jean-Jacques, émut les Constituants qui votèrent donc cette étrange loi personnelle à caractère indemnitaire, le 21 décembre 1790 :

« L'Assemblée nationale, pénétrée de ce qu'elle doit à la mémoire de J.-J. Rousseau, et voulant lui donner dans la personne de sa veuve un témoignage de reconnaissance nationale, décrète ce qui suit :

« Art. Ier. – Il sera élevé à l'auteur d'*Émile* et du *Contrat social* une statue portant cette inscription : La nation française libre, à J.-J. Rousseau. Sur le piédestal sera gravée la devise, *Vitam impendere vero* [1].

« Art. II. – Marie-Thérèse Levasseur, veuve de J.-J. Rousseau, sera nourrie aux dépens de l'État ; à cet effet, il lui sera payé annuellement, des fonds du trésor national, une somme de douze cents livres. »

L'ironie de l'Histoire veut que, le même jour, par un autre décret, l'Assemblée nationale constituante ait supprimé les apanages, autrement dit les concessions de fief dont bénéficiaient « les fils puînés de France » : tandis que les princes perdaient leurs apanages et les rentes qui allaient de pair – apanage dérivant du latin *ad panes,* « pour donner du pain » –, c'était une simple lavandière que la nation décidait de mettre à l'abri du besoin, elle qui avait vécu pendant un tiers de siècle auprès de l'illustre philosophe. Une femme du peuple, qui plus est, dont le compagnon avait célébré le caractère « pur, excellent, sans malice, digne de toute son estime »...

Sur ce dernier point, toutefois, Rousseau était bien seul. Ses amis, ses éditeurs se désolaient de voir qu'il partageait sa couche avec cette femme bornée, illettrée, dont David Hume laissa ce portrait acide : « Elle est méchante, querelleuse, bavarde, mais elle a sur cet homme l'empire d'une nourrice sur son

1. « Consacrer sa vie au vrai » : devise du poète satirique latin Juvénal, reprise à son compte par Rousseau dans sa *Lettre à d'Alembert.*

enfant. » Non seulement Marie-Thérèse, mais sa mère acariâtre, son père ivrogne, son vaurien de frère et à la fin son amant vivaient sur les maigres revenus de Jean-Jacques, dont on se demanda même s'il ne s'était pas donné la mort, quand il s'éteignit, à Ermenonville, le 2 juillet 1778.

Onze ans plus tard, ces mesquines histoires de ménage étaient chassées de la mémoire nationale quand la Révolution consacrait enfin les idées du *Contrat social.* Rousseau, inspirateur de l'ère nouvelle qui s'ouvrait alors, est vénéré comme une divinité, ses manuscrits prennent valeur de reliques sacrées et sa veuve, quoique peu digne et fort décatie, n'en retient pas moins toute l'attention des révolutionnaires.

« Elle n'a jamais pu suivre l'ordre des douze mois de l'année, et ne connaît pas un seul chiffre, malgré tous les soins que j'ai pris pour les lui montrer. Elle ne sait ni compter l'argent ni le prix d'aucune chose », assure Rousseau dans les *Confessions.* Sans doute le grand penseur s'illusionnait-il, au moins sur ce point, car Marie-Thérèse, devenue veuve, a vite compris que son statut lui donnait droit à une sorte de liste civile démocratique.

La pension de 1 200 livres votée en 1790 ne suffit bientôt plus à toute la tribu Levasseur, si bien que le 23 fructidor an II – 9 septembre 1794 ancien style –, la Convention nationale délibère « sur la pétition de la citoyenne Marie-Thérèse Levasseur, veuve de Jean-Jacques Rousseau, accablée sous le poids de l'âge et des infirmités, laquelle réclame un supplément de pension, attendu que celle de

1 200 livres [...] se trouve ébréchée par 247 L 16 s. 6 d.[1] de contribution ».

Le représentant du peuple Roger Ducos, au nom du comité des Secours publics, convainc la Convention de voter une nouvelle loi personnelle et indemnitaire, accordant à la veuve abusive un supplément de pension de 300 livres, soit un revenu annuel de 1 500 livres, « pour ne pas terminer sa carrière dans un besoin déshonorant pour les législateurs d'un peuple dont l'immortel citoyen de Genève avança la liberté ».

Hélas, la citoyenne Levasseur s'était entichée d'un jeune garçon d'écurie qui la délesta de ses richesses, puis la chassa d'Ermenonville. Elle s'éteignit le 12 juillet 1801, à soixante-dix-neuf ans, au Plessis-Belleville. Sa pension, semble-t-il, ne lui a pas été versée avec toute la régularité nécessaire, peut-être parce qu'elle en faisant un fort mauvais ouvrage en s'enivrant d'eau-de-vie.

Pour autant, les quelques milliers de livres, puis de francs, versés par la République à la lingère alcoolique n'ont pas constitué une perte pour la France, parce qu'il existait une contrepartie, négociée en secret : au lieu de vendre à des particuliers les manuscrits de Rousseau, qu'elle dispersait inconsidérément, Marie-Thérèse devait en faire « don » à la nation, ce qui advint durant la séance du 5 vendémiaire an III, soit le 26 septembre 1794 : dix-sept jours après le vote de son supplément de pension de

1. 247 livres, 16 sols et six deniers, montant de l'imposition : il lui reste donc plus de 950 livres de revenu net d'impôts.

300 livres, Marie-Thérèse se présentait en personne à la barre de la Convention, munie du manuscrit des *Confessions*, dont elle fit offrande solennelle à la République. Il fait toujours partie des collections de la représentation nationale et se trouve aujourd'hui, avec d'autres manuscrits précieux, dans la pièce forte de la bibliothèque de l'Assemblée nationale, au Palais-Bourbon.

De nouvelles lois indemnitaires vinrent plus tard secourir d'autres veuves de grands hommes, comme la loi du 12 avril 1893 « accordant une pension exceptionnelle à Mme Scheffer (Cornélie-Henriette), veuve de M. Renan » : une manière indirecte de rendre hommage à l'auteur d'une *Vie de Jésus* sanctionnée sous le Second Empire et fort appréciée des républicains libres-penseurs. Cette libéralité ne coûta d'ailleurs pas cher au contribuable, Cornélie-Henriette devant décéder l'année suivante.

Le 13 juillet 1912, veille de la fête nationale, en même temps qu'était accordé un contingent supplémentaire de décorations de la Légion d'honneur au ministre des Travaux publics Jean Dupuy, cet habile homme faisait signer au président Fallières un texte attribuant une pension viagère non à la veuve, mais à la sœur de Pierre Picard, le pionnier de la télégraphie sous-marine par câble, qui avait été comme une mère pour ce génial inventeur. Ce qui donna cette publication au *Journal officiel* du 19 juillet 1912, toujours consultable sur le site officiel Légifrance :

Le Sénat et la Chambre des députés ont adopté,
Le Président de la République promulgue la loi dont la teneur suit :
Art. 1er. – Une pension viagère de dix-huit cents francs (1,800 fr.) est attribuée à Mlle Picard (Sophie-Antoinette), sœur de M. Pierre Picard, ancien inspecteur des Postes et des Télégraphes, décédé le 6 novembre 1910, à titre de récompense nationale, en reconnaissance des services rendus à la science et au pays par les découvertes de M. Pierre Picard en matière d'électricité et de télégraphie, particulièrement en matière de télégraphie sous-marine.
Art. 2. – Cette pension sera inscrite sur les livres du Trésor au nom de Mlle Picard (Sophie-Antoinette), née le 6 janvier 1857 à Grenoble, avec une jouissance à compter du 7 novembre 1910. La présente loi, délibérée et adoptée par la Chambre des députés, sera exécutée comme loi de l'État.
Fait à Paris, le 13 juillet 1912. A. FALLIÈRES.
Par le Président de la République : Le ministre des Travaux publics, des Postes et des Télégraphes, JEAN DUPUY.
Le ministre des Finances, L.-L. KLOTZ.

En regard des services rendus par le câble transatlantique et vu le grand âge de Sophie-Antoinette, cette élégance ne grevait pas inconsidérément les finances publiques.

De même la loi du 4 juillet 1899 « accordant une récompense nationale aux Français qui ont fait partie de la mission Marchand sur le Haut-Nil » n'a-t-elle pas aggravé le déficit public, puisqu'elle ne prévoyait qu'une médaille d'or portant l'inscription « De l'Atlantique à la mer Rouge » pour ces vaillants explorateurs.

Beaucoup plus onéreuse fut la loi du 30 août 1884 prévoyant une indemnité à vie pour les enfants d'Abd el-Kader. Au départ, il s'agissait d'aider la famille que laissait sans ressources la mort du chef arabe vaincu : libéré par Louis-Napoléon Bonaparte, qui honorait ainsi une promesse non tenue de la monarchie de Juillet, Abd el-Kader percevait de son vivant une indemnité annuelle de 150 000 francs pour l'entretien des siens, en exil en Syrie, alors territoire de l'Empire ottoman. Sa mort interrompit la pension, mais le Gouvernement et le Parlement jugèrent digne de protéger sa descendance, qui constituait aussi un précieux relais d'influence en Orient.

Or, polygame, Abd el-Kader laissait une nombreuse famille : au début du XXe siècle, la plus jeune de ses femmes vivait encore et surtout on comptait neuf fils et cinq filles qui, à leur tour, eurent des enfants. Si deux de ses fils choisirent la nationalité française, dont l'un fut exécuté pour cela durant la révolte arabe en 1916, la plupart optèrent pour la nationalité ottomane, puis turque.

En 1979, la Cour des comptes releva que cette pension était toujours servie, y compris à des petits-enfants qui avaient pris parti contre la France durant le conflit algérien ; l'inflation se trouvant compensée par la démographie, le versement annuel représentait plus d'un million de francs… Il fut suspendu, pour des raisons politiques bien plus que juridiques.

Depuis, les ministres des Finances évitent de telles rentes et pensions à vie, préférant, s'il le faut, consentir un geste fiscal à titre forfaitaire.

Sous la Ve République, en outre, le contrôle de constitutionnalité empêche en principe la promulgation de lois personnelles, fût-ce pour honorer de grandes personnalités, mais encore faut-il que le Conseil constitutionnel soit saisi. Ce ne fut pas le cas pour la loi n° 70-1206 du 23 décembre 1970 « portant exonération des droits de mutation sur la succession du général de Gaulle », soumise au Parlement quelques semaines après la mort du Connétable.

« Monsieur le président, Mesdames, Messieurs, le Gouvernement souhaite que l'Assemblée nationale, unanime, veuille bien approuver ce projet de loi », demande au nom du Gouvernement, le 18 décembre 1970, un jeune secrétaire d'État à l'Économie et aux Finances nommé Jacques Chirac. L'article unique est voté, sous les applaudissements de la majorité, et surtout sans aucune opposition de la gauche : ni les communistes, ni les socialistes et radicaux qui soutiennent François Mitterrand ne commettent l'erreur politique de contester ce geste. Ils savent, au reste, les sacrifices matériels consentis par la famille de Gaulle, dont les biens avaient été saisis sous l'Occupation. Cette mesure, quoiqu'atypique, a valeur réparatrice en même temps qu'honorifique.

Ainsi, à la veille de Noël, le président Pompidou, son Premier ministre et Compagnon de la Libération Jacques Chaban-Delmas, et le ministre de l'Économie et des Finances Valery Giscard d'Estaing firent un beau cadeau à Tante Yvonne à travers cet article unique : « La succession du général de Gaulle est exonérée des droits de mutation par décès. La présente loi sera exécutée comme loi de l'État. »

Depuis, plus aucune pension ni aucun avantage pécuniaire n'a été accordé en vertu d'une loi personnelle de la République. Les pensions de retraite ou d'invalidité sont versées sur le fondement de règles générales et impersonnelles ; elles sont en outre servies par les régimes de Sécurité sociale et non sur le budget de l'État, à part quelques exceptions comme le régime des Pupilles de la nation.

Toutefois, si on regarde à la loupe, on constate que subsiste, dans la loi de finances, chaque année, un étrange versement, unique en son genre, en faveur de la descendance d'un certain Claude-Henri Linotte, pourtant né en 1686 et décédé en 1768[1].

Oui : il est encore inscrit, au budget de la France, une pension d'Ancien Régime consentie à un contemporain de Voltaire et de Rousseau !

Il ne s'agit pourtant pas d'un penseur éminent, ni d'un grand savant, ni d'un brave général ayant rendu de signalés services à la France. Le sieur

1. Sur les détails de ce dossier extraordinairement complexe : François R. Velde, *The Case of the Undying Debt*, Working Paper Series, Federal Reserve Bank of Chicago, November 24, 2009.

Linotte n'était qu'un obscur homme de loi, dans l'ancien duché de Bouillon, un petit État indépendant au nord de la frontière. Travailleur et dévoué, Linotte avait conduit la difficile négociation de la vente de la vicomté de Turenne entre le duc de Bouillon et le ministre des Finances du royaume de France qui, en récompense, se proposa de lui attribuer un « pot-de-vin » de 40 000 livres. Tel était le terme employé, en ces temps féodaux, où on ne distinguait guère entre commission et corruption…

Prudent, scrupuleux, ou tout simplement habile, Claude Linotte demanda à son maître s'il pouvait accepter pareille gratification. Le duc de Bouillon se récria, comme il fallait s'y attendre, mais par mesure de compensation décida de pensionner son honnête homme de loi et se proposa de le gratifier d'une rente viagère de 2 000 livres, qui le mettrait à l'abri du besoin jusqu'à la fin de ses jours.

Linotte remercia Son Altesse Sérénissime le duc de Bouillon, exprima toute sa gratitude à Monseigneur, fit mille courbettes et révérences, tout en objectant que le sort l'ayant fait sans fortune, il se contenterait bien volontiers de 1 000 livres seulement, si toutefois, par une petite grâce digne d'un si grand seigneur, la rente pouvait être transmissible à ses hoirs et descendants, pour protéger sa famille au-delà de son trépas. Le duc vit l'économie immédiate et signa, bien content de se débarrasser à si bon compte de l'ennuyeux Linotte, puis s'en retourna à ses chasses, banquets, maîtresses et menus plaisirs.

Ainsi, au lieu d'une rente de 2000 livres qui se serait interrompue à sa mort, Linotte obtint, en réduisant de moitié le montant de la somme versée annuellement, une clause de réversibilité tout à fait extraordinaire, puisqu'elle bénéficierait non seulement à sa veuve et à son fils unique, mais aux enfants, petits-enfants et arrière-petits-enfants d'icelui, et ce sans limite de temps et indéfiniment, tant que la famille ne s'éteindrait pas.

La Révolution, puis la réunion à la France du ci-devant duché de Bouillon en 1795, auraient dû mettre fin à la manne dont bénéficiaient les descendants de Linotte, d'autant qu'ils avaient entre-temps accédé à la noblesse, devenant Linotte de Poupéhan. Toutefois, le dernier duc de Bouillon, faisant valoir ses droits souverains, que n'annulait pas selon lui une annexion de fait, obtint de signer un traité avec Napoléon par lequel il renonçait officiellement à ses États et propriétés, en échange de quoi la France prenait à sa charge le passif et les dettes de l'ancien duché. La convention fut signée par l'Empereur, « en son camp impérial de Tilsit », le 20 juin 1807.

En conséquence, après des années d'interruption, la rente Linotte était de nouveau servie, sur toutes les « têtes » pouvant prétendre à son bénéfice en tant que descendants directs de Claude-Henri Linotte. Ce que confirma, au terme d'un ultime cafouillage administratif, ce décret impérial du 18 janvier 1813, signé aux Tuileries :

> Napoléon, Empereur des Français, Roi d'Italie, Protecteur de la Confédération du Rhin, Médiateur de la Confédération Suisse, etc. etc. etc.
> Sur le rapport de notre ministre des Finances,
> Vu nos décrets impériaux des 3 janvier 1809 et 20 février 1811 concernant l'inscription des rentes perpétuelles et viagères dues par la succession Bouillon et les états annexés au décret du 20 février
> Vu les pièces jointes au dit rapport
> Notre Conseil d'État entendu
> Nous avons décrété et décrétons ce qui suit
> 1. La rente de sept cent quatre vingt dix francs au nom du sieur Linotte (Claude Louis) portée par erreur sur l'état des rentes perpétuelles dues par la succession Bouillon annexé à notre décret impérial du 20 février 1811, article 96, sera inscrite au grand livre de la dette viagère au nom du dit sieur Linotte (Claude Louis) né le 10 février 1764, pour en jouir d'abord par lui seul sa vie durant, et après son décès retournera à ses enfants et descendants pour s'éteindre au dernier survivant.
> 2. Nos ministres du Trésor impérial et des Finances sont chargés chacun en ce qui les concerne, de l'exécution du présent décret.

Dès lors, la vieille rente servie depuis 1738 par l'ancien duché de Bouillon devient une créance en bonne et due forme sur les finances françaises, tout en conservant sa clause originale de réversibilité perpétuelle. Tant qu'il y aura des têtes de Linotte, et quels que soient le régime et la Constitution de la France, il faudra payer ! Aux 1 000 livres de la rente brute initiale s'appliquent juste une retenue fiscale de 20 %, ainsi qu'un rogaton de frais lié à au passage des livres en francs, ce qui conduit à la somme de 790 francs, exigible annuellement.

Entre 1903 et 1909, à plusieurs reprises, la commission des Finances de la Chambre des députés a demandé au gouvernement de négocier la liquidation de cette ultime pension d'Ancien Régime, qui faisait un peu désordre en République, mais les bénéficiaires, par la voix de leur notaire, préférèrent évidemment conserver la jouissance de leur rente éternelle. Au temps où le franc était convertible en or, les Linotte de Poupéhan et leurs alliés pouvaient même vouer une extrême gratitude à leur prévoyant ancêtre, car la pension qu'ils tenaient de lui représentait une somme assez coquette : presque quarante napoléons !

Toutefois, les vagues d'inflation survenues depuis 1914, puis la fin du franc-or ont considérablement rogné la valeur de la rente Linotte ; enfin, la réforme monétaire de 1960 l'a tragiquement dévaluée : libellée en francs, elle s'est vu appliquer le taux de conversion de cent anciens francs (AF) pour un nouveau franc (NF) et ne représente donc plus que 7,90 francs, soit 1,20 euro environ ! Les nombreux héritiers de Claude-Henri Linotte ne réclament même plus le paiement de cette aumône qui, fractionnée entre eux, ne représenterait que quelques centimes par tête, mais pour des raisons comptables, il n'est pas possible de supprimer cette inscription du grand livre de la Dette publique. Et négocier sa liquidation avec les ayants droit coûterait, en actes et procédures, beaucoup plus cher que trois nouveaux siècles de paiement régulier…

Aussi la rente Linotte continue-t-elle de figurer au budget de la France et d'être acquittée avec l'argent du contribuable républicain, comme le confirmait encore, en 1998, cette réponse du ministère des Finances :

> Direction de la Comptabilité Publique
> Bureau E1 B
> Le Vendôme
> 12, rue du Centre
> 93196 Noisy-le-Grand Cedex   Ref : 050694
>
> Paris, le 31 Juil. 1998
>
> Madame,
> Vous m'avez demandé de vous indiquer si la rente attribuée aux descendants de M. Claude Linotte est toujours servie à ce jour. Je vous indique que les recherches effectuées par mes services confirment que la rente dont il s'agit est toujours inscrite au grand livre de la Dette publique.
> Ce titre de 7,90 F de rente est libellé dans les termes suivants :
> « Linotte de Poupéhan (Amable Suzanne Élisabeth) née le 4 mars 1790, Veuve de Charles Louis Bodson de Noirfontaine, pour en jouir d'abord pour elle seule sa vie durant et après son décès à ses enfants et descendants pour s'éteindre au dernier survivant. Rétabli en vertu d'une décision ministérielle du 8 février 1876 portant que, outre l'extrait d'inscription et le certificat constatant l'existence de l'une des têtes jouissantes, on produirait à l'appui de chaque paiement un certificat de propriété considéré comme une annexe confirmative du titre avec lequel il serait immédiatement rendu. »

Il appartient aux descendants de Mme Linotte de Poupéhan d'en demander le paiement à mes services en faisant valoir leurs droits dans les conditions qui sont précisées dans le libellé du titre.
Je vous prie d'agréer, Madame, l'assurance de ma considération distinguée.
Pour l'Administrateur civil chargé de la sous-direction E,

J.F. Berthier

On trouvera sans doute curieux que la République française continue d'honorer une créance de l'ancien duché de Bouillon remontant à 1738, en vertu d'un décret napoléonien... Un esprit jacobin serait enclin à couper les vivres à la dynastie des Linotte de Poupéhan, et un comptable public trouverait sans doute rationnel d'interrompre ce versement annuel de 1,20 euro à une famille qui ne s'en soucie plus. Mais il faut voir aussi les avantages de cette situation, pour le crédit de la France auprès des opérateurs internationaux.

Pour seulement dix centimes d'euro par mois en effet, le gouvernement français démontre ainsi au monde la solidité de sa parole et la stabilité de ses engagements financiers. C'est la campagne de publicité la moins chère de tous les temps pour un État endetté, qui rassure ainsi ses créanciers sur sa solvabilité de long terme, tout en entretenant un monument historique. Car la rente Linotte semble être devenue, aujourd'hui, la plus ancienne rente d'État au monde.

À quand son inscription au patrimoine culturel mondial, par l'Unesco ? Un honneur amplement mérité puisque le sieur Claude-Henri Linotte, pour avoir fait servir à sa famille une rente d'État depuis plus d'un quart de millénaire, doit être regardé comme un pur génie du droit.

Chapitre XI

LA LOI WILSON

Le 13 décembre 1918, en rade de Brest, retentissent les vingt et un coups de canon protocolaires par lesquels la Marine nationale accueille l'arrivée de l'*USS George-Washington*, un puissant vapeur qui arbore la bannière étoilée. À son bord : le président des États-Unis lui-même, le démocrate Woodrow Wilson, attendu par une foule enthousiaste.

« Vive Wilson le juste ! » proclament les banderoles. L'hôte de la France débarque sous les acclamations d'un peuple qui, ayant enfin gagné la guerre, rêve d'établir une paix durable. C'est ensuite une longue parade à l'américaine, l'automobile présidentielle traversant la ville en liesse, pavoisée de tricolore, jusqu'à la gare, où Wilson prononce un discours avant de prendre le train pour Paris.

Chacun a conscience du caractère historique que revêt cette visite triomphale. C'est la première fois qu'un président américain en exercice se rend en voyage officiel en Europe. Il faut alors traverser l'Atlantique par bateau, ce qui prend une dizaine de jours. Le président démocrate est venu en France pour défendre les « quatorze points » qu'il juge indispensables à la réussite des traités de paix avec l'Allemagne et ses alliés, dont l'établissement d'une Société des Nations (SDN). Après cinq années de cauchemar, tous les espoirs semblent enfin permis. « Le passage de Wilson a profondément touché la sentimentalité et l'idéalisme du prolétariat, écrit Marcel Cachin dans *L'Humanité*. Seul parmi les gouvernants, il a trouvé le langage de la bonne volonté, de l'humanité et de la justice internationale… »

Wilson, en 1918, est deux fois un héros pour les Français. D'abord, rompant avec la doctrine Monroe de « l'Amérique aux Américains », il a engagé les États-Unis aux côtés des Alliés, pour défendre le principe de la liberté des mers. En mai 1915, le torpillage du *Lusitania* par un sous-marin allemand avait profondément choqué l'opinion américaine ; malgré la force du courant pacifiste, malgré l'opposition des Américains d'origine allemande et celle des descendants d'Irlandais peu enclins à combattre aux côtés des Britanniques, le 2 avril 1917, les États-Unis ont déclaré la guerre à l'Allemagne. Puis les troupes fraîches du général Pershing sont arrivées en France, renfort décisif pour remporter la victoire. Et voici que, la paix revenue, le même Wilson entend la garantir pour toujours…

L'hôte de la France visite d'abord les anciens champs de bataille et s'incline devant Reims en ruines. Le 18 janvier 1919, il est au Quai d'Orsay pour l'ouverture officielle de la conférence de la paix. Le 20, un banquet de deux cent cinquante couverts est organisé pour lui au Sénat et Wilson doit entendre un long poème à sa gloire, en alexandrins, composé par le sénateur Rivet – un vétéran de soixante et onze ans qui a connu Victor Hugo et veut saluer l'idéalisme wilsonien :

Ce grand palais si fier d'un passé glorieux
Qui depuis plus d'un siècle entendit nos aïeux
Illustres dans les arts, les sciences, les lettres,
Puissants hommes d'État, nos aînés et nos maîtres,
Et qui s'enorgueillit d'historiques splendeurs ;
Qui dans les jours troublés vit nos grands orateurs
Sur la foule par eux entraînée et guidée
Répandre la semence auguste de l'Idée,
Et d'un verbe éloquent de grandeur revêtu
Tracer le droit chemin et prêcher la vertu,
Ce palais vénérable où l'on écoute encore
Vibrer leur noble voix comme un écho sonore ;
Qui vit de grands tribuns faire leur grand devoir,
Ce fier Sénat français s'émeut pour recevoir
L'illustre président de la libre Amérique.
Soyez le bienvenu dans notre République ! [...]

Wilson, hélas ! n'est pas francophone ; on ignore comment l'interprète se dépêtra de ce compliment rimé, préludant à un honneur plus grand encore.

Car, le 3 février 1919, ce n'est plus au restaurant du Sénat, mais dans l'hémicycle du Palais-Bourbon qu'est introduit l'illustre invité, et lui-même souligne « l'insigne et extraordinaire honneur » qui lui est fait : la cérémonie est en effet sans précédent, c'est la première fois qu'un chef d'État étranger est invité à s'exprimer à la tribune.

Les députés, en redingote, partagent exceptionnellement avec une délégation de sénateurs leur hémicycle, pavoisé pour l'occasion de drapeaux américains et français. Devant les bancs du Gouvernement, trois fauteuils dorés ont été disposés à l'intention du président du Sénat, Antonin Dubost, du président du Conseil, Georges Clemenceau, et du Président de la République, Raymond Poincaré, exceptionnellement admis dans l'hémicycle puisque cette réception n'est pas une séance parlementaire : c'est lui qui donne le signal des applaudissements, car Wilson, à la tribune, s'exprime en anglais. Puis un interprète lui succède, ses notes à la main, pour donner la traduction française du discours, qui se termine en ces termes :

« Quand les soldats de l'Amérique ont franchi l'Océan, ils n'ont pas seulement avec eux apporté leurs armes. Avec eux, ils apportaient une brillante conception de la France. Ils débarquaient sur le sol de la France avec des battements de cœur plus vif, ils savaient qu'ils venaient pour l'accomplissement de quelque chose que l'âme de l'Amérique souhaitait accomplir depuis longtemps. Lorsque le général Pershing, se tenant au pied de la tombe de La Fayette, a dit : "La Fayette, nous voici ![1]" ce fut comme s'il avait dit : "La Fayette, voici la conclusion de la grande histoire dont tu nous as aidés à parachever le premier chapitre !" »

La cérémonie prend fin sous de nouveaux applaudissements, les quatre présidents prennent la tête

1. Phrase plus vraisemblablement prononcée par le colonel Stanton, sur la tombe parisienne du « Héros des Deux Mondes », le 4 juillet 1917.

d'un long cortège qui chemine à travers le Palais-Bourbon avant de se diriger vers l'hôtel de Lassay où une grande réception est organisée. « Il traverse la salle des Pas-Perdus entre une double haie de zouaves à la fourragère rouge, relate *L'Illustration*. Les tambours battent aux champs, les soldats présentent les armes. On se rend à la galerie des fêtes où les honneurs sont rendus par les gardes républicains en grande tenue : culotte blanche, tunique bleue avec revers rouges. C'est un spectacle éblouissant dans l'étincellement des lustres. » Quelques mois plus tard, Woodrow Wilson reçoit le prix Nobel de la paix.

Or, parmi cette série d'honneurs qu'on trouve dans tous les livres d'histoire, il est un qu'on a complètement oublié aujourd'hui : celui d'une loi française votée tout spécialement pour célébrer Wilson.

Sans aller jusqu'à lui décerner la nationalité française, comme l'avaient fait leurs prédécesseurs de la Législative pour George Washington en 1792 – ce qui sans doute lui aurait fait perdre son mandat, la constitution des États-Unis exigeant que le président soit un pur Américain né sur le sol de la patrie et sans double nationalité –, les parlementaires des deux chambres ont voulu accueillir dignement leur hôte en lui témoignant leur gratitude ; et, tandis que celui-ci voguait sur l'Atlantique, à l'unanimité, ils ont voté la loi du 2 décembre 1918 par laquelle « les Chambres françaises déclarent : le président Wilson et la nation américaine, les nations alliées et les chefs d'État qui sont à leur tête, ont bien mérité de l'humanité ».

Cette rédaction fait bien sûr écho à loi du 17 novembre 1918, votée moins d'une semaine après l'armistice : « Les armées et leurs chefs, le gouvernement de la République, le citoyen Georges Clemenceau, président du Conseil, ministre de la Guerre, le maréchal Foch, généralissime des armées alliées ont bien mérité de la patrie. »

Ce dernier texte oubliait d'ailleurs de nommer le « chef » principal des armées, le Président de la République, Poincaré, que Clemenceau détestait cordialement. Le Parlement réparera cet outrage un peu tardivement, par la loi du 20 février 1920 dont l'article unique dispose : « M. Raymond Poincaré, Président de la République française pendant la guerre, a bien mérité de la patrie. »

Joffre aura encore moins de chance puisque ce sera seulement deux mois après sa mort qu'il aura « bien mérité de la Patrie », en vertu de la loi du 25 mars 1931. L'année suivante, une loi posthume du 30 mars 1932 saluera de même « le président Aristide Briand » qui vient de s'éteindre, puis, après l'assassinat du Président Doumer par le fou Gorguloff, la loi du 29 novembre 1932 proclamera que « le président Paul Doumer a bien mérité de la Patrie ».

De ces lois purement déclaratives et honorifiques, sans contenu normatif, se détache toutefois la loi Wilson de 1918 qui comprenait en outre un article 2, ainsi rédigé : « Le texte de la présente loi sera gravé, pour demeurer permanent dans toutes les mairies et dans les écoles de la République. »

Certes, les parlementaires de la IIIe République respectaient l'autonomie communale, proclamée dans la loi du 5 avril 1884 dont l'article 61 dispose que « le conseil municipal règle, par ses délibérations, les affaires de la commune » ; mais il est des circonstances qui transcendent les égoïsmes locaux et, par exemple, les députés avaient jusqu'en 1926 le pouvoir de « voter l'affichage », c'est-à-dire de décider qu'un discours parlementaire d'exceptionnelle qualité devait faire l'objet d'une affiche, apposée sur toutes les mairies de France, quoi qu'en pense le maire. Fin 1918, grisés par la victoire et désireux d'honorer le « prophète de Washington », c'est à une forme d'affichage éternel et gravé dans le marbre qu'ils aspirent quand ils inscrivent cette obligation symbolique dans la législation. Car, le futur ayant valeur impérative en droit, aucun doute sur l'intention du législateur lorsqu'il écrit « le texte de la présente loi sera gravé, pour demeurer permanent » : c'est obligatoire. Ainsi, toutes les communes et les écoles de France sont juridiquement tenues, depuis décembre 1918, de faire graver bien en vue du peuple la proclamation solennelle : « Les Chambres françaises déclarent : le président Wilson et la nation américaine, les nations alliées et les chefs d'État qui sont à leur tête, ont bien mérité de l'humanité », et les admirateurs du Président Wilson pourraient valablement protester auprès du maire, voire ester en justice pour carence de la puissance publique, s'ils constataient, sur les murs de leur mairie ou des écoles de leur commune, l'absence de cette mention légale.

La loi a été peu ou prou respectée à Paris, où l'on peut effectivement lire cette inscription rue de la Montagne-Sainte-Geneviève, dans l'ancienne École polytechnique, et sur le monument aux morts de l'École nationale d'Arts et Métiers, au 151, boulevard de l'Hôpital. Mais combien de communes de France ont-elles vraiment engagé des crédits pour faire graver l'hommage au Président Wilson ? Et combien de ces plaques ont-elles résisté à un siècle d'histoire, dont cinq années d'occupation allemande ?

Certes, de nombreuses communes ont baptisé une rue, une avenue ou une place du nom du Président Wilson, mais ce n'est pas cela qu'exige des municipalités la loi du 2 décembre 1918.

Celle-ci est toujours en vigueur, et on ne saurait l'abroger sans offenser la nation américaine, ce qui pose incidemment un problème juridique : en effet, cette injonction faite aux communes n'est-elle pas contraire au principe de libre administration des collectivités locales, simplement reconnu par la loi ordinaire sous la IIIe République, mais devenu constitutionnel en 1958 et renforcé ensuite par les lois de décentralisation ? On attend avec impatience le litige entre les derniers wilsonistes et telle commune négligente, pour soumettre ce point de droit aux sages du Palais-Royal en soulevant une question prioritaire de constitutionnalité.

Chapitre XII

THÉOCRATIE FRANÇAISE

Dans le même contexte que la loi Wilson, le Parlement français vota la loi du 27 mars 1929 « portant affectation à l'association "le Mémorial de l'escadrille La Fayette" d'un terrain situé dans le parc de Saint-Cloud ». Il s'agissait cette fois d'honorer les aviateurs volontaires venus des États-Unis, qui dès 1914 ont volé au secours de la France. Encadrés par deux pilotes français, ces héros ont payé un lourd tribut aux périls des combats aériens, de sorte que la France leur a concédé un terrain de 4 hectares 50 ares dans un double but : « 1° édifier, sur le terrain cédé, un monument contenant une crypte dans laquelle seront déposés les restes des 64 aviateurs de l'escadrille La Fayette tués à l'ennemi au cours de la guerre de 1914-1918 ; 2° commémorer, par ce monument, le sacrifice de ces 64 héros, tout en symbolisant les idées de justice et de liberté qui les ont inspirés. »

Un monument vénéré des Américains de Paris, puisqu'il célèbre leurs premiers pilotes de guerre et, à travers eux, la naissance de l'US Air Force, en territoire français, avant même l'entrée en guerre officielle des États-Unis. La présence d'un Noir, Eugene Jacques Bullard, parmi ces pilotes du Lafayette Flying Corps, a rendu le monument d'autant plus important, au point que le gouvernement des États-Unis a financé sa rénovation.

Mais le plus étonnant, sur le plan juridique, reste que le terrain sur lequel a été édifié ce mémorial fait l'objet d'une « cession perpétuelle et gratuite », autrement dit pour l'éternité : « La destination du terrain cédé, prévue au précédent article, ne pourra jamais être modifiée », précise bien l'article 2 du texte.

Plusieurs lois françaises, par respect des morts et pour honorer des alliés, concèdent ainsi à perpétuité des parcelles à des fins mémorielles et, pour ce qui est des onze cimetières américains de la seconde guerre mondiale, en franchise de tout impôt foncier présent et à venir.

Légiférer pour l'éternité est toutefois problématique car, en démocratie, ce que la loi a fait, elle peut normalement le défaire. En présence de la mort cependant, ou plus largement des fins dernières et des grands principes de la vie sociale, la loi peut parfois revêtir en France un caractère curieusement théocratique, comme si le texte voté par les assemblées parlementaires prenait valeur de vérité révélée.

Cette tendance s'observe dès 1789, le 26 août, avec le vote de la Déclaration des droits de l'Homme et du citoyen : celle-ci est en effet proclamée « en présence et sous les auspices de l'Être suprême » et ni la Déclaration, ni cet article de foi, ne sont plus susceptibles d'amendement. Citée dans le préambule de la Constitution de 1958, la Déclaration fait maintenant partie du « bloc de constitutionnalité » sur lequel statue le Conseil constitutionnel. Ce qui revient à dire que l'existence de l'Être suprême est inscrite en toutes lettres dans les normes constitutionnelles actuellement en vigueur de la République française – comme aux plus beaux temps de la Terreur, quand Robespierre, fustigeant l'athéisme des dantonistes et hébertistes qu'il venait d'éliminer, faisait approuver par la Convention ce décret du 18 floréal an II – ou 7 mai 1794 – dont l'article premier proclamait : « Le Peuple français reconnaît l'existence de l'Être suprême, et l'immortalité de l'âme. »

Après l'expérience du Concordat, qui admettait plus pragmatiquement le catholicisme comme « religion de la majorité des Français » et créait un service public du culte – les prêtres devenant des fonctionnaires de l'État, rétribués par le contribuable –, la République est vraiment devenue laïque avec la loi du 9 décembre 1905. Celle-ci, remaniée vingt-cinq fois dans ses modalités, demeure fondée sur ses deux premiers articles qui n'ont jamais changé :

> Article Ier. – La République assure la liberté de conscience. Elle garantit le libre exercice des cultes sous les seules restrictions édictées ci-après dans l'intérêt de l'ordre public.
> Article II. – La République ne reconnaît, ne salarie ni ne subventionne aucun culte.

Pour autant, toute trace des temps théocratiques n'a pas disparu, dans la mesure où le Président de la République, en tant qu'héritier des anciens rois de France, bénéficie ès qualités de plusieurs titres religieux, comme celui de « premier et unique chanoine honoraire de l'archi-basilique de Saint-Jean-de-Latran », à Rome. Celle-ci étant considérée comme la mère de toutes les églises du monde, il s'agit donc d'un titre très prestigieux pour les croyants, qu'endosse malgré lui tout président français, aussi laïcard ou mécréant soit-il. Même le regretté Président Doumergue, de tradition protestante, fut chanoine de Latran à compter de son élection, en 1924, et jusqu'à la fin de son septennat, en 1931. René Coty, en 1957, a renoué plus activement avec la tradition en venant personnellement à Rome pour prendre possession de son titre de chanoine, lequel dérive du latin *canonicus :* une dignité accordée aux prêtres qui ont voix au chapitre, ainsi qu'à de hautes personnalités à titre honorifique. Si Georges Pompidou, François Mitterrand et François Hollande n'ont pas suivi cet exemple, Charles de Gaulle en 1967, Valéry

Giscard d'Estaing en 1978, Jacques Chirac en 1996 et Nicolas Sarkozy en 2007 ont fait le voyage de Rome pour prendre possession de leur canonicat. Ils sont entrés à pied dans l'édifice sacré, quoiqu'un privilège royal qui remonte à 1604 autorise le chef d'État français à entrer à cheval dans la basilique...

En France même, le Président de la République est aussi « proto-chanoine de la cathédrale d'Embrun », c'est-à-dire premier chanoine de ce chapitre : un titre hérité de Louis XIII et dont seul le général de Gaule a pris possession sur place. Le locataire de l'Élysée a encore droit au titre de « chanoine honoraire de la cathédrale de Saint-Jean-de-Maurienne », depuis François Ier, et de « proto-chanoine de la basilique Notre-Dame de Cléry », dans le Loiret, concédé à Louis XI par le pape Sixte IV – sans oublier les titres de chanoine *ad honores* de Saint-Maurice d'Angers, de Saint-Hilaire de Poitiers, de Saint-Julien du Mans, de Saint-Martin de Tours, de Saint-Jean de Lyon, de Saint-Étienne de Chalons et même de Saint-Germain-des-Prés, à Paris.

Pour les mêmes raisons historiques, la France possède une douzaine d'enclaves romaines – les Pieux Établissements de la France à Rome et Lorette – dont plusieurs lieux de culte, comme l'église Saint-Louis-des-Français. À Saint-Pierre de Rome, au cœur même du Vatican, on trouve aussi un autel qui, depuis plus de mille ans, est considéré comme propriété de la France. On y célèbre chaque année, au 31 mai, une messe à la mémoire de sainte Pétronille, reconnue depuis Charlemagne comme la patronne des rois de France.

Cette vierge romaine, martyre du Ier siècle, passe pour avoir été baptisée par saint Pierre lui-même, le fondateur de la papauté, dont elle était la servante : son nom, Pétronille, comme sa variante Perrine, est d'ailleurs un diminutif féminisé de *Petrus,* Pierre. C'est en référence à sainte Pétronille, fille ou servante de Pierre, que la France est souvent désignée comme « la fille aînée de l'Église ».

En réalité, l'ambassade de France à Rome est la plus ancienne représentation diplomatique française à l'étranger ; c'est pourquoi, au temps du « petit père Combes » et de la lutte entre cléricaux et anticléricaux, la rupture des relations diplomatiques, en 1904, constitua un véritable traumatisme. La loi de Séparation, en 1905, n'atténua pas la blessure, puis vint la crise des Inventaires l'année suivante, quand les fonctionnaires venus inventorier les biens contenus dans les églises se heurtèrent aux prêtres et aux croyants.

En 1908, interrogée sur ce point, la Sacrée Pénitencerie indiqua que les députés et sénateurs auteurs de la loi tombaient sous le coup de l'excommunication... Comme l'ancien roi de France Philippe Ier, comme plusieurs monarques dont Napoléon, la représentation nationale de la République française encourait le châtiment suprême de l'Église : être placée en marge de la chrétienté, en dehors donc de toute société avouable...

Le Président de la République française n'a pas un tel pouvoir, fût-ce à titre de rétorsion. Toutefois, il a peut-être le droit d'intervenir dans l'élection pontificale, pour griller un candidat à la papauté qu'il estime dangereux pour la France. C'est ce qu'on appelle le « droit d'exclusive », jadis réservé aux grands États catholiques : l'Autriche, l'Espagne et la France, dont le souverain pouvait exclure de l'élection pontificale un cardinal jugé hostile.

Pouvoir des rois, le droit d'exclusive fut néanmoins invoqué en 1878 par Mac Mahon, Président de la République française, pour frapper d'anathème le cardinal Bilio, durant le conclave qui se conclut par l'élection de Léon XIII. Le droit d'exclusive fut utilisé une dernière fois en 1903, par l'empereur d'Autriche ; le nouveau pape, Pie X, promulgua donc la constitution apostolique de 1904, pour mettre fin à toute ingérence des puissances dans la désignation du successeur de saint Pierre.

Ce droit de veto est-il donc irrévocablement perdu aujourd'hui pour le Président de la République française ? Un document conservé dans les archives du Quai d'Orsay montre que la question n'est pas si simple. Rédigé dans le contexte de l'élection pontificale de 1922, alors que la France venait de rétablir ses relations diplomatiques avec le Vatican, il est dû à Louis Canet, conseiller technique du ministère des Affaires étrangères pour les affaires religieuses.

Catholique pratiquant, mais gallican, démocrate et républicain, Louis Canet est un ancien élève de l'École française de Rome qui connaît bien l'histoire ecclésiastique et le droit canon. Ce qu'il écrit à son ministre laisse songeur : en effet, argumente-t-il, « le droit d'exclusive ne doit pas être regardé comme aboli du fait de la séparation des Églises et de l'État. C'est un droit régalien qui résulte du devoir qui incombe au gouvernement, dans un État où les catholiques sont en majorité, de parer aux périls qui résulteraient pour cet État de l'élection d'un pape ennemi[1]. »

Dans cette analyse d'historien, le droit d'exclusive constitue un héritage purement politique et temporel ; ne reposant sur aucune de ces affirmations dogmatiques ou théologiques dont la République laïque ne saurait se prévaloir, il pourrait donc être valablement réclamé par la France en tant qu'État, quels que soient son régime politique et son mode de gouvernement.

Quant aux velléités d'indépendance de la monarchie élective vaticane, elles ne sauraient ignorer les droits acquis depuis le XVIe siècle par la France, l'Espagne et l'Autriche, puissances souveraines qu'on ne saurait priver unilatéralement de leurs prérogatives. Aussi la conclusion de Louis Canet est-elle très claire : « La constitution *Vacante Sede* de Pie X est un règlement intérieur de l'Église que les États n'ont pas à reconnaître. »

Logique au plan intellectuel et historique, cette interprétation semble plus délicate à suivre au plan politique. Depuis 1878, c'est plutôt en coulisses que la diplomatie française a tenté d'influer sur le choix du nouveau pape. Que dirait la communauté internationale si, à la prochaine élection pontificale, la République française prétendait user de son

1. Cité par Frédéric Le Moal, in *Pie XII. Un pape pour la France*, Cerf, Paris, 2019.

droit d'exclusive pour écarter un candidat au trône de saint Pierre ? On crierait à l'anachronisme et à la féodalité, quand on ne tournerait pas la chose en dérision... Pourtant, il serait difficile aux membres du conclave d'ignorer cette excommunication républicaine, laquelle aurait nécessairement une influence sur le vote du Sacré Collège. Un cardinal récusé de la sorte pourrait-il vraiment maintenir sa candidature, au risque de provoquer, s'il était élu, un schisme gallican ? Sainte Pétronille, priez pour nous pauvres Français !

Si la République a peut-être conservé son droit d'exclusive, auquel en tout cas elle n'a jamais renoncé explicitement, il est en revanche un pouvoir que le Président de la République semble avoir irrémédiablement perdu : celui de représenter le Saint-Siège.

Il s'en chargeait de fait auprès d'États comme l'Empire chinois ou l'Empire ottoman, au nom de ces « protectorats spirituels » que la République continuait d'exercer sur les minorités catholiques, alors que ces puissances n'entretenaient pas de relations diplomatiques avec le Vatican. C'était au temps jadis, héritage des Croisades et du colonialisme...

Il pouvait advenir aussi que le Président de la République française se substituât au pape, pour une charge honorifique très particulière qu'il assurait de droit, dans les salons mêmes de l'Élysée : l'imposition d'une barrette cardinalice.

Certes, il fallait pour cela une conjoncture très particulière. Ambassadeur du pape – et considéré par une courtoisie d'Ancien Régime comme le doyen du corps diplomatique –, le nonce apostolique est normalement chargé de remettre ses insignes à tout prélat créé cardinal par un « bref » du pape : il s'agit d'une cérémonie interne à l'Église catholique, dont la France n'a pas à se mêler.

Mais l'affaire se complique quand c'est le nonce lui-même qui est amené à revêtir la pourpre cardinalice... Il ne peut, sans commettre le péché d'orgueil, se cardinaliser lui-même. Dans ce cas, fort rare, une vieille tradition voulait que ce soit le chef de l'État qui remette au nonce apostolique la barrette de cardinal, au nom de son homologue le pape, représenté par un prélat de rang subalterne, l'ablégat !

C'est ainsi que, le 16 janvier 1953, Vincent Auriol, ancien ministre des Finances du Front populaire, premier président socialiste, athée déclaré qui sera enterré civilement neuf ans plus tard, représente le Saint-Siège pour empourprer le nonce Roncalli – ce qui ne damnera pas le nouveau cardinal, élu pape en 1958 sous le nom de Jean XXIII et canonisé en 2014. La République a ainsi contribué à faire un saint...

La cérémonie eut lieu à l'Élysée, en deux temps. « Le nonce, relate *Le Monde* qui donne une description détaillée du rituel, a été reçu à sa descente de voiture par le général Grossin », franc-maçon notoire et futur patron des services secrets, alors chef du cabinet militaire de la présidence.

Le mélange des genres continue dans la cour de l'Élysée avec la musique de la Garde républicaine, qui exécute successivement l'hymne pontifical et l'air révolutionnaire de *La Marseillaise*...

Le néo-cardinal, « suivi de l'ablégat Mgr Testa, a été conduit dans le salon d'attente de l'Élysée. Mgr Testa s'est rendu dans la salle d'audience et, après avoir adressé une courte harangue au Président de la République, aux côtés de qui se tenaient MM. René Mayer et Georges Bidault[1], a remis à M. Vincent Auriol le bref pontifical qui l'accrédite. Après quelques mots de bienvenue par le Président de la République, le secrétaire de l'ablégat, accompagné de l'aide des cérémonies, a déposé sur une crédence l'étui contenant la barrette recouverte d'une "tavaïolle" de soie rouge.

« L'ablégat est retourné ensuite dans le salon d'attente, d'où il est revenu avec le cortège du nonce. Le manteau de pourpre était tenu par le secrétaire de l'ablégat. Mgr Testa a donné lecture du bref en latin, pris la barrette, et s'est placé à la droite du Président de la République.

« Le nonce s'est agenouillé alors devant le chef de l'État sur un carreau de velours rouge. C'est à ce moment que M. Vincent Auriol lui a imposé la barrette, tandis que le secrétaire de l'ablégat posait le manteau sur ses épaules.

« Le cardinal s'est levé, a ôté la barrette et salué le Président de la République. La cérémonie proprement dite était terminée. »

Sous la Ve République, Charles de Gaulle accomplit la même formalité pontificale pour le nonce Marella en 1959, mais ce fut la dernière fois qu'un

1. Respectivement, président du Conseil et ministre des Affaires étrangères.

président français agit au nom du Saint-Siège. Les barrettes cardinalices sont maintenant imposées à Rome, au cours d'un consistoire, par le pape lui-même, y compris celle du nonce apostolique en France : intolérable atteinte à la puissance spirituelle du locataire de l'Élysée.

Il a toutefois, pour se consoler, la co-principauté d'Andorre, qu'il partage avec l'évêque d'Urgell : Emmanuel Macron, pour la première fois, a posé pour une photo officielle de coprince d'Andorre, distincte de son portrait de président affiché dans les mairies françaises. Derrière lui, on distingue le blason de l'Andorre, comportant une mitre d'évêque…

Presque souverain de droit divin, le Président de la République française partage même une moitié de titre royal avec un descendant des Bourbons… À la frontière franco-espagnole encore, mais sur le cours de la Bidassoa qui sépare les deux puissances sur leur façade atlantique, se trouve en effet un îlot minuscule où fut signé en 1659 le traité des Pyrénées : l'île des Faisans, terre neutre qui se trouve en indivision perpétuelle entre la France et l'Espagne. Pour régler les conflits entre pêcheurs, au temps lointain où la Bidassoa grouillait de saumons, fut signée la convention de Bayonne du 27 mars 1901 : afin de « mettre fin à l'état d'incertitude où on se trouve touchant les droits de police et de justice de chacun des deux Pays dans cette île », la France et l'Espagne s'en partagent l'exercice de la souveraineté, tous les six mois… Du 1er février au 31 juillet, le roi d'Espagne y fait flotter ses couleurs, puis vient le tour du Président de la République française, à partir du 1er août et jusqu'au 31 janvier, ce pour quoi il est traditionnellement considéré comme « vice-roi », par parallélisme avec son homologue espagnol.

Le roi de France avait le pouvoir de guérir des écrouelles ; le Président de la République française n'a plus que le droit de grâce, mais le chef de l'État, chanoine de Latran, coprince d'Andorre et vice-roi de l'île des Faisans, n'en reste pas moins chargé de pouvoirs surnaturels. On a vu qu'il pouvait nommer un maréchal à titre posthume : il a même le pouvoir de marier un mort, en application de la loi du 31 décembre 1959 qui, suite à la rupture du barrage de Malpasset, se préoccupa d'une jeune femme enceinte dont le fiancé avait été emporté par les flots. Déjà habilité à autoriser des mariages consanguins en cas de nécessité – c'est-à-dire de grossesse –, le Président de la République peut réparer le malheur de la fatalité, en unissant ceux qui s'aimaient par-delà le trépas.

Chapitre XIII

SAINTES LAÏQUES

Si sainte Pétronille n'a plus de statut juridique en France, il n'en va pas de même de sainte Jeanne d'Arc, dont la canonisation, en 1920, a précédé de peu le rétablissement des relations diplomatiques entre la République française et le Vatican. Ce fut même à l'occasion de cette cérémonie que la France renvoya un diplomate auprès du pape, le premier depuis la rupture en 1904.

Jeanne d'Arc canonisée, les parlementaires se souvinrent d'une vieille proposition de loi, défendue depuis 1884 par un vieux républicain de l'Aveyron, Joseph Fabre, qui rêvait de réconcilier les deux France : en plus du 14-Juillet, fête du peuple, il rêvait d'instituer une célébration civique de Jeanne d'Arc, fête du patriotisme. « Jeanne d'Arc n'appartient pas à un parti. Elle appartient à la France », affirmait-il.

Reprise par l'écrivain et député nationaliste Maurice Barrès, l'idée séduisit 284 députés, dont 19 radicaux. Une forme renouvelée d'Union sacrée, après les épreuves de la Grande Guerre…

« Il n'y a pas un Français, quelle que soit son opinion religieuse, politique ou philosophique, dont Jeanne d'Arc ne satisfasse les vénérations profondes, s'exclama Barrès à la Chambre. Chacun de nous peut personnifier son idéal. Êtes-vous catholique ? C'est une martyre et une sainte que l'Église vient de mettre sur les autels. Êtes-vous royaliste ? C'est l'héroïne qui a fait consacrer le fils de Saint Louis par le sacrement gallican de Reims. Rejetez-vous le surnaturel ? Jamais personne ne fut aussi réaliste que cette mystique : elle est pratique, frondeuse et goguenarde, comme le soldat de toutes les épopées ; elle a ses lèvres toutes fleuries de ces adages rustiques qui sont la sagesse de nos paysans ; elle incarne le bon sens français. Pour les républicains, c'est l'enfant du peuple qui dépasse en magnanimité toutes les grandeurs établies, et les révolutionnaires eux-mêmes, en 1793, décorèrent de son surnom, “la Bergère”, le canon fondu avec le métal de la statue d'Orléans. Enfin, les socialistes ne peuvent pas oublier qu'elle disait : “Les pauvres gens venaient à moi volontiers parce que je ne leur faisais pas de déplaisir”, et encore : “J'ai été envoyée pour la consolation des pauvres et des malheureux.” »

Décidément très œcuménique, Maurice Barrès concluait superbement : « Ainsi, tous les partis peuvent se réclamer de Jeanne d'Arc. Mais elle les dépasse tous. Nul ne peut la confisquer. »

La création de la nouvelle fête prit enfin force de loi le 10 juillet 1920 : ce fut d'ailleurs l'un des rares textes promulgués de Rambouillet par le Président Deschanel, qui se remettait de sa chute en pyjama du train présidentiel et de diverses fantaisies dont ce texte ne semble guère éloigné :

> Art. 1er. – La République française célèbre annuellement la fête de Jeanne d'Arc, fête du patriotisme.
> Art. 2. – Cette fête a lieu le deuxième dimanche de mai, jour anniversaire de la délivrance d'Orléans.
> Art. 3. – Il sera élevé en l'honneur de Jeanne d'Arc, sur la place de Rouen, où elle a été brûlée vive, un monument avec cette inscription :
> À Jeanne d'Arc
> LE PEUPLE FRANÇAIS RECONNAISSANT
> La présente loi, délibérée et adoptée par le Sénat et par la Chambre des députés, sera exécutée comme loi de l'État.

Depuis 1920, il existe donc une fête républicaine de Jeanne d'Arc, et – fait unique dans les annales parlementaires – il apparaît explicitement dans l'exposé des motifs que la canonisation de l'héroïne justifie cette avancée législative…

Cette célébration civique se distingue donc de la Sainte-Jeanne d'Arc du calendrier catholique, le 30 mai, jour anniversaire de sa mort, et n'a rien à voir avec la procession d'extrême droite du 1er mai, réminiscence du temps où le maréchal Pétain cherchait un contre-feu à la fête du Travail des « rouges »… La fête officielle de Jeanne d'Arc, peu célébrée des autorités républicaines, est assez méconnue de nos jours, au point qu'un sénateur, en 1994, en vint à interroger le Gouvernement à ce sujet.

« Comme l'indique l'honorable parlementaire, la loi du 10 juillet 1920 qui institue une fête nationale de Jeanne d'Arc, fête du patriotisme, est toujours en vigueur », répondit Édouard Balladur, alors Premier ministre.

« Cette fête donne lieu chaque année à une célébration le deuxième dimanche du mois de mai. À Paris, une cérémonie est organisée traditionnellement place des Pyramides dans le Ier arrondissement, avec la participation de moyens militaires. L'usage veut qu'elle soit placée sous la présidence du ministre des Anciens combattants et Victimes de guerre et qu'une gerbe soit déposée par le représentant de l'État. Enfin, le secrétaire général du Gouvernement rappelle, chaque année, aux ministres que les édifices publics doivent être pavoisés aux couleurs françaises à cette occasion. Ce rappel a été effectué en 1994 par lettre du 13 avril. Le Gouvernement veillera, comme par le passé, à ce que la fête de Jeanne d'Arc, fête du patriotisme, continue d'être célébrée à l'avenir conformément aux dispositions de la loi et dans l'esprit que rappelle, à juste titre, l'honorable parlementaire[1]. »

On est loin, toutefois, de la ferveur populaire rêvée par le sénateur Fabre et le député Barrès, et cette festivité très officielle serait sans doute tombée dans l'oubli si Emmanuel Macron, le 8 mai 2016, n'avait pas manifesté ses premières ambitions

1. *Journal officiel*, Sénat, 8 septembre 1994, p. 2196.

présidentielles à l'occasion des Fêtes johanniques d'Orléans.

Jeanne d'Arc n'est d'ailleurs pas la seule sainte catholique à avoir sa place en droit français : il ne faut pas oublier sainte Barbe, patronne des mineurs, des sapeurs-pompiers et des artificiers pour avoir brûlé dans sa tour.

Traditionnellement, dans l'ancien bassin minier du Nord-Pas-de-Calais, le jour de la Sainte-Barbe était marqué par des festivités qui dépassaient amplement le cadre catholique. On pouvait être communiste, syndicaliste, bouffer du curé et jurer comme pas un, tout en fêtant la Sainte-Barbe. C'est pourquoi la loi du 20 mars 1951 dispose, à son article premier, que « pour les exploitations et établissements miniers et assimilés, dont le personnel bénéficie du statut du mineur en application du décret du 14 juin 1945, la journée du 4 décembre (Sainte-Barbe), ou du lendemain si cette journée tombe un dimanche, est chômée. »

Depuis, les dernières « gueules noires » ont pris leur retraite forcée, les mines ont fermé, des élus locaux tentent de transformer les anciens terrils en parcs de loisir pour skieurs sur neige artificielle ; mais la loi demeure, inappliquée car inapplicable. Si, par extraordinaire, de nouveaux mineurs devaient entrer en activité, la loi du 20 mars 1951, toujours en vigueur, leur donnerait un jour de congé à l'occasion de la fête patronale catholique de Sainte-Barbe.

En Alsace, c'est le jour de la Saint-Étienne qui est férié, ainsi que le Vendredi saint ; et dans le département de la Moselle, le préfet peut autoriser les commerces à ouvrir ou fermer ces jours-là.

Il s'agit cette fois d'un effet du droit local alsacien-mosellan, propre aux départements du Bas-Rhin, du Haut-Rhin et de la Moselle : annexés par l'Allemagne en 1871, ces territoires n'étaient plus français lors du vote de la loi de 1905 ; et quand, par l'effet du traité de Versailles, ils redevinrent départements français, ils obtinrent de conserver leurs particularismes juridiques, y compris en matière de culte – comme le confirma la loi du 1er juin 1924.

Ainsi, dans ces trois départements, c'est un système inspiré du Concordat de 1802 qui perdure, avec les variantes introduites par d'anciennes lois allemandes... Les prêtres des quatre cultes officiellement reconnus – catholique, luthérien, réformé et israélite – restent des fonctionnaires de l'État, rétribués sur le budget du ministère de l'Intérieur – ainsi d'ailleurs que leurs veuves et orphelins, pour les pasteurs et les rabbins du moins. Quant aux imams, ils ne sont pas concernés, l'islam n'étant pas présent à l'époque où s'élabora cette législation particulière.

Laïcs et francs-maçons d'Alsace-Moselle ont beau demander périodiquement l'extension de la loi de 1905 à leurs départements reconquis, ce statut perdure, de même que les cours de religion à l'école publique. Seul le délit de blasphème a pu y être aboli : en 2017 seulement, la loi française a pu effacer une disposition du code de l'Empire d'Allemagne de 1892, demeurée en vigueur presque un siècle après l'entrée des troupes françaises à Strasbourg…

La loi de 1905 ne vaut pas non plus dans une grande partie de l'Outre-mer français. Si un décret du 6 février 1911 l'étendit à La Réunion, à la Martinique, à la Guadeloupe – y compris les îles de Saint-Martin et Saint-Barthélemy, devenues depuis collectivités territoriales en soi –, elle ne parvint pas jusqu'en Guyane, où le texte en vigueur reste l'ordonnance de Charles X du 27 août 1828. Celle-ci s'ouvre pourtant en cette forme surannée :

> CHARLES, par la grâce de Dieu, Roi DE FRANCE ET DE NAVARRE,
> À tous ceux qui ces présentes verront, SALUT.
> Sur le rapport de notre ministre secrétaire d'État de la marine et des colonies, et de l'avis de notre conseil,
> Nous AVONS ORDONNÉ et ORDONNONS ce qui suit :
> [...] Le commandement général et la haute administration de la Guyane française sont confiés à un gouverneur.

En matière de culte, cette ordonnance royale ne comporte que deux alinéas, en son article 36, mais ceux-ci sont lourds de sens. Premièrement, « le gouverneur veille au libre exercice et à la police extérieure du culte, et pourvoit à ce qu'il soit entouré de la dignité convenable », ce qui sous-entend une rémunération des prêtres par la puissance publique. Secondement, « aucun bref ou acte de la cour de

Rome, à l'exception de ceux de la pénitencerie ne peut être reçu ni publié dans la colonie qu'avec l'autorisation du gouverneur, donné d'après nos ordres », ce qui montre que seul le culte catholique est ici agréé.

En outre, une loi budgétaire du 13 avril 1900 a transféré la rémunération des prêtres, jusqu'alors versée par l'État, à la colonie de la Guyane, devenue aujourd'hui collectivité territoriale. Celle-ci a saisi en vain le Conseil constitutionnel qui, dans sa décision du 2 juin 2017, a jugé que la rémunération des ministres du culte catholique par cette collectivité locale était conforme à la Constitution. Les gouverneurs coloniaux et leurs curés ont encore de beaux jours devant eux, semble-t-il.

Les Sages ont estimé en effet « qu'en proclamant que la France est une République laïque, la Constitution n'a pas pour autant entendu remettre en cause les dispositions particulières applicables dans plusieurs parties du territoire de la République lors de l'entrée en vigueur de la Constitution et relatives à l'organisation de certains cultes et, notamment, à la rémunération de ministres du culte ».

En outre, « compte tenu de la faible importance des dépenses mises à la charge de la collectivité territoriale de la Guyane sur le fondement des dispositions contestées, ces dernières ne restreignent pas la libre administration de cette collectivité ». Bref, la loi de 1905 n'ayant jamais été étendue à la Guyane, il est juridiquement acceptable que la République laïque se satisfasse d'une ordonnance coloniale de la Restauration pour y encadrer le culte.

L'ordonnance de Charles X donnerait même une sorte de monopole à l'Église catholique, si en Guyane, ainsi que dans toutes les autres collectivités d'outre-mer non couvertes par la loi de 1905, ne s'appliquaient aussi les décrets-lois Mandel, qui régissent les missions religieuses des différents cultes.

Le premier de ces décrets-lois, pris le 16 janvier 1939, commence pourtant en ces termes quelque peu datés : « Dans les colonies et pays de protectorat relevant du ministère des Colonies et non placés sous le régime de la séparation des Églises et de l'État, les missions religieuses pourront, pour les représenter dans les actes de la vie civile, constituer des conseils d'administration. » Le reste à l'avenant, comme au temps béni des colonies : en 2009 ont tout de même été abrogés par ordonnance l'article 14, relatif aux relations entre gouverneurs généraux et résidents, catégories de hauts fonctionnaires coloniaux disparues depuis plus d'un demi-siècle, ainsi que l'article 15, applicable à l'ex-Indochine française… Pour le reste, les décrets-lois Mandel sur les missionnaires restent de nos jours la seule base législative en matière de culte à Saint-Pierre-et-Miquelon, à Mayotte, en Polynésie française, en Nouvelle-Calédonie et à Wallis-et-Futuna.

Il est donc temps de voguer vers les îles chaudes du Pacifique, véritables conservatoires des anomalies juridiques.

Affectation dans les collectivités d'outre-mer

Les fonctionnaires titulaires ou stagiaires qui reçoivent une affectation vers l'université de la NOUVELLE CALÉDONIE ou de la POLYNÉSIE FRANÇAISE, sont soumis à un régime particulier :

I – Contrôle de l'aptitude physique avant le départ

II – Bénéfice de certaines indemnités spécifiques

❶ Contrôle de l'aptitude physique

Les fonctionnaires doivent impérativement satisfaire à des conditions strictes d'aptitude physique et, pour la vérifier, se soumettre à un examen médical dans les conditions précisées dans la note reproduite ci-dessous. Il appartient **à l'établissement d'accueil** d'adresser ce courrier aux intéressés.

Courrier concernant l'aptitude physique
à envoyer aux candidats nommés dans ces collectivités

OBJET : votre nomination à l'université de

À l'occasion de votre nomination en qualité de à l'université de à compter du et conformément aux dispositions prévues par l'instruction ministérielle "FRANCE OUTREMER" du 13 juillet 1951, j'ai l'honneur de vous demander de bien vouloir vous soumettre à un examen médical, pris en charge financièrement par votre établissement d'accueil, afin de vérifier votre aptitude physique.

Il convient pour cela, que vous vous adressiez à un médecin agréé par l'ARS (liste disponible sur Internet).

Le jour du rendez-vous, vous devrez vous y rendre muni du résultat des examens énumérés ci-dessous, effectués par le laboratoire et le médecin de votre choix :

- le compte rendu de la radiographie pulmonaire (interprétation par un radiologue ou médecin phtisiologue) ;
- un examen d'urine recherchant : albumine, sucre, sang ;
- un électrocardiogramme interprété et un bilan sanguin **de moins d'un an** (hémogramme, glycémie, HDL cholestérol, LDL cholestérol, cholestérol total, triglycérides, acide urique, créatinine, gamma GT, transaminases GOT et GPT) ;
- pour les femmes, un bilan gynécologique (dont un frottis de dépistage après 35 ans).

Le médecin agréé par l'ARS devra porter ses conclusions sur le procès verbal ci-joint.

Guide de gestion des carrières des personnels enseignants-chercheurs édité en 2018 par le ministère chargé de l'Enseignement supérieur et de la Recherche.

Chapitre XIV

UNE COUILLE DANS LE LAGON

Comme il est indiqué dans le *Guide de gestion des carrières des personnels enseignants-chercheurs* édité en septembre 2018 par le ministère chargé de l'Enseignement supérieur et de la Recherche, « les fonctionnaires titulaires ou stagiaires qui reçoivent une affectation vers l'université de la NOUVELLE-CALÉDONIE ou de la POLYNÉSIE FRANÇAISE, sont soumis à un régime particulier ».

Si le « bénéfice de certaines indemnités spécifiques » leur ouvre des perspectives riantes – prime d'éloignement, prise en charge des frais de changement de résidence dans les conditions précisées par le décret n° 98-844 du 22 septembre 1998 –, ils doivent préalablement se soumettre à un « contrôle de l'aptitude physique avant le départ » qui n'a rien d'une formalité, puisqu'il comporte un examen médical obligatoire, comme l'indique la lettre-type qu'il appartient à l'établissement d'accueil d'adresser aux intéressés :

« OBJET : votre nomination à l'université de ....

« À l'occasion de votre nomination en qualité de .... à l'université de .... à compter du .... et conformément aux dispositions prévues par l'instruction ministérielle "FRANCE OUTREMER" du 13 juillet 1951, j'ai l'honneur de vous demander de bien vouloir vous soumettre à un examen médical, pris en charge financièrement par votre établissement d'accueil, afin de vérifier votre aptitude physique. Il convient pour cela, que vous vous adressiez à un médecin agréé par l'ARS (liste disponible sur Internet). Le jour du rendez-vous, vous devrez vous y rendre muni du résultat des examens énumérés ci-dessous, effectués par le laboratoire et le médecin de votre choix :

– le compte rendu de la radiographie pulmonaire (interprétation par un radiologue ou médecin phtisiologue) ;

– un examen d'urine recherchant : albumine, sucre, sang ;

– un électrocardiogramme interprété et un bilan sanguin de moins d'un an (hémogramme, glycémie, HDL cholestérol, LDL cholestérol, cholestérol total, triglycérides, acide urique, créatinine, gamma GT, transaminases GOT et GPT) ;

– pour les femmes, un bilan gynécologique (dont un frottis de dépistage après 35 ans). Le médecin agréé par l'ARS devra porter ses conclusions sur le procès-verbal ci-joint. »

« Bigre, se dit l'enseignant-chercheur, on se préoccupe fort de ma santé, aux Antipodes… » S'il est pressé de rejoindre son poste et, le soir venu, de se tremper dans le lagon, il va au laboratoire le plus proche, fournit les résultats des analyses au médecin agréé puis attend, impatiemment, la réponse de l'autorité administrative. Mais s'il est scrupuleux, si l'attrait de la plage et des cocotiers n'a pas entamé sa curiosité encyclopédique, alors il voudra en savoir plus sur « l'instruction ministérielle "FRANCE OUTREMER" du 13 juillet 1951 » dont il découvre soudainement l'existence, et qui peut orienter la suite de sa vie.

Peut-être même s'agit-il d'un test, d'ailleurs ? Pour voir si l'impétrant a vraiment la vocation de l'enseignant-chercheur, capable de retrouver un vieux texte dans le labyrinthe de nos archives publiques ? Car cette « instruction ministérielle "FRANCE OUTREMER" du 13 juillet 1951 » n'est pas fournie avec le *Guide de gestion des carrières des personnels enseignants-chercheurs* édité par le ministère chargé de l'Enseignement supérieur et de la Recherche. Il faut la dégoter soi-même.

A priori, il devrait suffire de consulter le *Journal officiel* pour la retrouver. Rien à la date du 13 juillet 1951, mais l'enseignant-chercheur sait que c'est normal, les textes sont rarement publiés le jour même de leur signature ; pas de *JO* le lendemain puisque c'est fête nationale, il faut donc feuilleter les collections jusqu'au numéro du 26 juillet 1951, p. 8105, où apparaît, enfin, cette fameuse instruction.

Sur la voie de la connaissance, l'enseignant-chercheur comprend qu'on a tenté de lui cacher quelque chose... Car, à proprement parler, il semble qu'il n'y ait pas d'instruction « FRANCE OUTREMER », mais un texte publié à la rubrique « Ministère de la France d'Outre-mer », ce qui n'est pas tout à fait la même chose. Rien à voir avec le bleu profond du lagon où il lui tarde de plonger après les cours : ce texte de 1951 émane du département ministériel chargé d'administrer l'ancien Empire colonial, en un temps où, pour quelques années encore, la France régnait sur un dixième des terres émergées. Si la Martinique, la Guadeloupe, la Guyane et La Réunion ont obtenu le statut de département d'Outre-mer depuis 1946, d'immenses territoires demeuraient sous statut colonial en 1951. Les départements d'Algérie étaient encore en paix, les colonies d'Afrique et d'Asie vivotaient sous la férule de leurs gouverneurs et hauts-commissaires au casque blanc, et quant aux îles et lagons de l'actuelle Polynésie française, ils ne formaient encore que le territoire des « Établissements français de l'Océanie », sans autonomie aucune. Une autre époque, qu'exprime d'ailleurs clairement le véritable titre du texte réglementaire du 13 juillet 1951 : « Détermination des conditions générales d'aptitude physique au service dans les territoires relevant du ministère de la France d'Outre-mer et en Indochine »...

L'enseignant-chercheur sourit, s'étonnant peut-être que nul n'ait songé à mettre à jour ce document depuis Diên Biên Phu et la perte de l'Indochine française, mais bast ! Il aurait fallu tout réécrire, puisque « l'instruction ministérielle » du 13 juillet

1951 semble en réalité s'analyser comme un *arrêté interministériel*, pris conjointement par le « ministère de la France d'Outre-mer » et un véritable fantôme administratif, le « ministère d'État chargé des relations avec les États associés » – autrement dit, l'entité jadis en charge de l'ancien protectorat du Laos et de l'État autonome du Viêt Nam présidé par l'ex-empereur Bao Dai !

Philosophe, l'enseignant-chercheur ne se gendarme pas de ces menus anachronismes. Il pourrait aussi grommeler qu'en soixante-dix ans, la médecine a tout de même dû faire quelques progrès et qu'il paraît un tantinet aberrant qu'un examen médical du XXIe siècle soit toujours encadré par un texte daté du temps des colonies, mais à quoi bon ? Nouveau Robinson, il rêve déjà aux délices de cette vie nouvelle qui l'attend dans le Pacifique, aux collègues, à ces étudiants du bout du monde qu'il brûle de rencontrer, à sa future résidence avec vue sur l'océan, à sa prime d'éloignement, à la prise en charge de ses frais de changement de résidence dans les conditions précisées par le décret n° 98-844 du 22 septembre 1998… Ordre et beauté, luxe, calme et volupté…

Aussi l'enseignant-chercheur ne s'arrête-t-il pas au titre ni aux cosignataires de cet arrêté stratégique du 13 juillet 1951 qu'il a enfin réussi à trouver au *Journal officiel* du 26 juillet de la même année, Vincent Auriol étant Président de la République et Henri Queuille, président du Conseil ; mais là, vive déception ! Le texte, très bref, indique simplement que les conditions générales d'aptitude physique

« sont déterminées par l'instruction annexée au présent arrêté, instruction qui sera insérée au *Bulletin officiel* du ministère de la France d'Outre-mer »...

Coup de théâtre : il y a donc bien une « instruction », mais annexée à l'arrêté interministériel et publiée séparément... Or, s'il est relativement simple de consulter en ligne le *Journal officiel de la République française*, il est beaucoup plus difficile, de nos jours, d'accéder au défunt *Bulletin officiel* du ministère de la France d'Outre-mer, où se trouvent les précisions annexées au texte précité...

Heureusement, l'enseignant-chercheur a de la ressource ; rompu aux bibliographies complexes et notes de bas de page dûment référencées, il se demande si la Bibliothèque nationale ne conserverait pas une collection complète de cet introuvable *JO* ultramarin.

Ce n'est pas le cas, hélas ! mais ô joie de la sérendipité : une brève consultation des bases de la BNF permet de découvrir que l'instruction annexée à l'arrêté interministériel du 13 juillet 1951 a été reprise, le 10 novembre de la même année, dans l'ancien *Journal officiel de Madagascar et dépendances*, qu'on ne songe pas forcément à consulter quand on se prépare à partir pour la Polynésie française ou la Nouvelle-Calédonie. Et cet inestimable codex est, lui, disponible à la bibliothèque François-Mitterrand : clin d'œil du destin car, l'enseignant-chercheur le sait, au moment où était rédigée l'instruction du 13 juillet 1951 dont il va enfin percer les secrets, le ministre de la France d'Outre-mer n'était autre que le jeune François Mitterrand, député de la Nièvre depuis 1946 et déjà rompu aux combinaisons ministérielles multiples de la IVe République… Certes, le futur président n'a pas signé lui-même ce texte de niveau inférieur, purement administratif. En outre, le 13 juillet 1951, le gouvernement Queuille qui venait d'être renversé l'avant-veille n'assurait plus que les affaires courantes ; c'est donc à la faveur de cette quasi-vacance du pouvoir qu'un obscur chargé de mission a pondu cet arrêté et l'instruction y annexée, mais c'est bien « pour le ministre et par délégation » que cet homme de l'ombre a apposé sa griffe sur l'écrit mystérieux qui se dévoile enfin.

Car l'enseignant-chercheur est maintenant installé en salle de consultation ; l'objet tant convoité se trouve, enfin, devant lui ; Bougainville découvrant la Nouvelle-Cythère, au son des tambours rituels et au milieu des danses de vahinés en fleurs, n'était pas plus heureux ni plus fébrile que lui qui touche enfin au terme de son long voyage initiatique ; et c'est le choc !

À cet instant, en effet, l'enseignant-chercheur s'effondre. A-t-il perdu la raison ? À force d'errer d'écran en bibliothèque, a-t-il perdu tout repère, tout sens commun ? Ou bien se pourrait-il qu'on se moque de lui, est-ce un canular ? Un vaste complot, unissant les fonctionnaires du ministère de l'Enseignement supérieur et de la Recherche, du *Journal officiel* et de la Bibliothèque nationale de France vise-t-il à le désorienter ?

Car ce qu'il lit, dans les annexes de l'arrêté interministériel du 13 juillet 1951, est tout simplement vertigineux.

À l'article 95 en effet : « Les signes d'hermaphrodisme, l'absence ou la perte du pénis rendent inapte à tout emploi outre-mer. »

À l'article 99 : « La perte, l'absence ou l'atrophie prononcée des deux testicules rendent inapte à tout emploi outre-mer ; la perte, l'absence ou l'atrophie d'un testicule, l'autre apparaissant normal, est compatible avec les emplois de cadres actifs et sédentaires. »

À l'article 100, enfin : « L'ectopie[1] testiculaire, orificielle ou intrapariétale, entraîne l'inaptitude aux emplois de cadres actifs. Cette anomalie n'entraîne l'inaptitude aux emplois des cadres sédentaires que lorsqu'elle provoque des crises douloureuses internes. »

Qui a écrit cela ? Et pourquoi ? Quel haut fonctionnaire torturé, quel administrateur colonial en mal de testostérone a-t-il conçu ces exigences folles pour que les emplois vacants soient solidement pourvus ? Fallait-il montrer aux indigènes que la France en avait, impressionner les populations en affirmant hautement la vigueur de la présence française ?

On conçoit le désarroi de l'enseignant-chercheur peu sûr de sa virilité. L'universitaire hermaphrodite, le chargé de TD monorchide, sont interdits d'Outre-mer, et avec eux tous les atrophiés du

1. Position anormale d'un tissu ou d'un organe.

pénis, les accidentés du vit, les eunuques, castrats et asexués de toute la fonction publique nationale et territoriale, impitoyablement rejetés des affectations au soleil et du bénéfice de la prime d'éloignement – en vertu d'une instruction interministérielle de 1951 dont plus personne, depuis longtemps sans doute, n'a eu dans l'Administration la curiosité de rechercher le contenu véritable…

Bien sûr, un fonctionnaire au pénis de catégorie C à qui on opposerait l'instruction Mitterrand de 1951 pour le priver de son poste Outre-mer n'aurait pas de mal à faire casser pareille décision, parfaitement illégale. Un simple courrier au Défenseur des droits devrait suffire à faire reculer les discriminations hermaphroditophobes que tente d'instituer cet édit d'un autre temps. Pourtant, à l'heure où nous mettons sous presse, tel est encore le droit en vigueur dans l'Outre-mer français, avant l'ablation de ces parties honteuses de notre réglementation.

Chapitre XV

LES COLONIES FRANÇAISES DU PACIFIQUE

Si, au vu d'un dossier bien monté, un fonctionnaire métropolitain parvient à décrocher un poste en Polynésie française ou en Nouvelle-Calédonie, il n'y sera plus payé en euros, mais en francs. Très précisément en « francs Pacifique », nom courant du « franc CFP » créé par le décret du 25 décembre 1945, au lendemain des accords de Bretton Woods qui ont mis en place le système financier international de l'après-guerre.

La création de cette monnaie locale, indexée sur le franc français, constituait à l'époque un véritable progrès, dans des archipels où régnait jusqu'alors une certaine anarchie monétaire : on y acceptait les piastres indochinoises, quand on ne disposait pas de dollars américains, voire de pesos chiliens ou de centavos péruviens, et en l'absence de numéraire, au demeurant fort rare, la pratique ancestrale du troc reprenait volontiers ses droits. Le franc français y avait cours aussi, et Gauguin put dépenser aux Marquises le peu d'argent qu'il avait en poche quand il partit du Havre.

Cette confusion vint à son comble à l'issue de la seconde guerre mondiale, qui avait renforcé le dollar, affaibli le franc et perturbé les corrélations entre métropole et colonies. De là l'intérêt de ce décret de Noël 1945 signé du général de Gaulle, chef du Gouvernement provisoire de la République française, qui en même temps qu'il dévaluait le franc français, créait le franc CFA et le franc CFP.

« La création de ces francs dits "coloniaux" a été perçue à l'époque de manière très positive, comme la fin du pacte colonial en matière monétaire en conférant aux territoires concernés une certaine "personnalité" dans ce domaine, résume une étude de l'Institut d'Émission d'Outre-mer[1]. C'est également dans ce contexte qu'il convient de situer la déclaration du ministre des Finances de l'époque, René Pleven, expliquant que la métropole ne voulait pas "imposer à ses filles lointaines les conséquences de sa propre pauvreté". Le franc métropolitain a été dévalué par rapport au dollar américain le 25 décembre 1945 : la parité franc métropolitain/dollar est alors passée de 49,6 à 119,10 (soit 1 dollar américain = 119,10 francs métropolitains). Cependant, le franc CFP, nouvellement créé, conserva sa parité antérieure vis-à-vis du dollar, soit 1 dollar américain = 49,6 francs CFP. En d'autres termes, à compter du 25 décembre 1945, 100 francs CFP s'échangeaient contre 240 francs métropolitains. »

1. [Collectif], *Histoire du franc Pacifique*, IEOM, Imprimerie Chirat, Saint-Just-la-Pendue, 2014.

Certes, mais au fait, que signifient ces trois lettres qui distinguent le franc CFP du franc métropolitain ? Tout simplement « franc des colonies françaises du Pacifique », comme l'ancien franc CFA était celui des « colonies françaises d'Afrique »... Or, si le franc CFA ne circule plus sur aucun territoire français de nos jours, et semble voué à disparaître dans les pays d'Afrique francophone, il n'en va pas de même du franc CFP.

Pourtant, la Polynésie et la Nouvelle-Calédonie sont devenues des « territoires d'Outre-mer » (TOM), puis des « pays d'Outre-mer » (POM) largement autonomes, avec le pouvoir de voter des « lois de pays ». Elles ont chacune leur Constitution, leur assemblée parlementaire, un gouvernement, un président, elles arborent leur propre drapeau et la Polynésie s'est même dotée d'un « ordre de Tahiti Nui » dont l'insigne – à quatre branches doubles émaillées de rouge et reliées par une couronne de tiaré émaillée de vert et de blanc – fait se pâmer les amateurs de phaléristique. Pourtant, le nom de la monnaie n'a pas changé depuis 1945 : certes on dit pudiquement « franc Pacifique », les autorités locales évoquent plus volontiers le « franc de la Communauté française du Pacifique » voire le « Change français du Pacifique », mais ces appellations astucieuses n'ont rien d'officiel. Juridiquement, la monnaie locale est toujours le « franc des colonies françaises du Pacifique », conformément au décret du 25 décembre 1945 que nul n'a jamais pris la peine de réviser...

Il est parfois question de remplacer ce franc colonial par l'euro, mais le taux de change actuel – un franc CFP ne vaut que 0,0083 euro, soit moins d'un centime – fait craindre un tel choc monétaire que les responsables politiques hésitent. Quant aux indépendantistes polynésiens et kanaks, ils rêvent plutôt d'une monnaie nationale.

Le franc CFP, du moins, n'a plus cours aux Nouvelles-Hébrides, ancien condominium franco-britannique qui a accédé à l'indépendance en 1980 – devenant la république du Vanuatu, où l'on paie en vatu. En revanche, il demeure la monnaie légale dans trois monarchies oubliées du Pacifique, les royaumes d'Alo, de Sigave et d'Uvéa.

Là-bas, le sigle du franc CFP est tout aussi absurde, car ces trois royautés n'ont jamais été des colonies : anciens États indigènes, elles ont signé en 1887 des traités de protectorat qui, tout en les plaçant sous l'égide de la France, pour la défense et la diplomatie en particulier, ont peu ou prou préservé leurs institutions locales. Ces trois royaumes forment aujourd'hui la collectivité d'Outre-mer de Wallis-et-Futuna, représentée à l'Assemblée nationale et au Sénat, mais Alo, Sigave et Uvéa n'en ont pas moins leurs propres drapeaux, d'ailleurs reproduits sur des timbres postaux français, et surtout une aristocratie d'où sont issus trois monarques.

Ainsi, le *Tamolevai,* titre du roi de Sigave, règne sur un tiers de l'île de Futuna. Il réside ordinairement dans sa capitale, Leava, avec ses cinq ministres, son maître de cérémonie et le chef de sa police particulière.

Une frontière non bornée le sépare de son homologue le *Tuigaifo,* ou roi d'Alo, tout-puissant sur les deux tiers restants de Futuna et l'îlot voisin d'Alofi. Capitale : Ono.

À deux cent trente kilomètres au nord-est gît enfin l'île de Wallis, qui a pour nom indigène Uvéa et vit quant à elle sous le sceptre du *Lavelua :* à Mata'Utu, qui est à la fois capitale administrative française de l'archipel de Wallis et Futuna et capitale politique du royaume d'Uvéa, ce troisième monarque coutumier gouverne en son conseil, assisté de son Premier ministre le *Kivalu.*

Le *Tamolevai,* le *Tuigaifo* et le *Lavelua* ne sont pas de simples survivances folkloriques : ils ont conservé un statut officiel, puisqu'ils sont membres de droit du Conseil territorial et détiennent des pouvoirs de représentation ainsi que des prérogatives judiciaires. Dans l'ordre protocolaire défini à l'article 6 du décret du 13 septembre 1989 « relatif aux cérémonies publiques, préséances, honneurs civils et militaires », ils viennent juste après le préfet, administrateur supérieur des îles Wallis-et-Futuna, et les parlementaires – loin devant le président de l'assemblée territoriale, les élus locaux, les magistrats, le vice-recteur d'académie et le percepteur. Enfin, leur case constitue par tradition un asile inviolable et sacré : celui qui s'y réfugie reste hors d'atteinte des lois françaises, comme à Notre-Dame au temps de Quasimodo…

En effet, la loi n° 61 814 du 29 juillet 1961 qui conféra le statut de « territoire d'outre-mer » à l'ensemble constitué par ces trois protectorats insulaires respecte l'autorité coutumière, puisqu'elle dispose que « la République garantit aux populations du territoire des îles Wallis et Futuna, le libre exercice de leur religion ainsi que le respect de leurs croyances et de leurs coutumes en tant qu'elles ne sont pas contraires aux principes généraux du droit et aux dispositions de la présente loi ».

Comme le résume une ethnologue qui a vécu en immersion pendant deux ans avec les dix mille habitants de l'île d'Uvéa, « les Wallisiens sont donc citoyens français, mais régis par un droit particulier et dépendent civilement d'une chefferie qui, organisée autour du "roi" *(hau),* comprend six "conseillers" *('aliki fa'u),* un chef de guerre *(Pulu'i uvea)* et vingt chefs de village *(pule kolo).* Un représentant du "roi" *(fai pule)* dans chacun des trois districts et quatre "maîtres d'œuvre" *(lagi aki)* par village relaient informations et décisions, assurant l'organisation des cérémonies et des prestations à l'échelle communautaire[1] ».

Si l'ethnologue écrit « roi » entre guillemets, c'est parce qu'il s'agit d'une titulature particulière, un peu différente de ce que recouvre le terme en Europe : cooptés et révocables, ces potentats relèvent davantage de la monarchie élective que de la royauté héréditaire. Pour autant, ce système n'a rien de démocratique, le roi étant nécessairement choisi par l'aristocratie locale des *aliki* (seigneurs) et en son sein. Surtout, il incarne la singularité du pays insulaire, terre et habitants confondus, ainsi que leur particularisme juridique.

Ce droit particulier des insulaires va loin, puisqu'il signifie que Wallisiens et Futuniens ne ressortissent

1. Sophie Chave-Dartoen, « Le paradoxe wallisien : une royauté dans la République », in *Ethnologie française* 2002/4 (Vol. 32), pp. 637-645.

pas du droit civil français, sauf demande contraire de leur part, ce qui n'arrive presque jamais. Seuls les enfants de couples dits « mixtes » perdent ce privilège, le droit civil l'emportant sur le droit particulier. En revanche, un Wallisien en voyage en métropole et qui se trouverait traduit en justice pourrait valablement faire valoir son statut particulier : c'est seulement *de facto* et illégalement que des tribunaux métropolitains ont parfois jugé des sujets du *Lavelua,* du *Tamolevai* ou du *Tuigaifo* ignorants de leurs droits. Pour les ressortissants de ces îles, la France renoue donc avec le système archaïque de la « personnalité du droit », au temps lointain où les Burgondes n'étaient soumis qu'à leur législation propre, distincte de la loi franque…

Sur place, dans l'archipel, le statut de droit particulier n'est normalement applicable qu'en cas de litiges civils entre personnes régies par le droit local, mais dans les faits, les insulaires préfèrent se tourner aussi vers les autorités coutumières en cas de litiges à caractère pénal : le tribunal de droit commun français ne vient qu'ensuite, faisant ainsi office de cour d'appel. Aux vieux conseils coutumiers que président les rois, la loi de 1961 prévoyait bien de substituer un vrai tribunal de droit local – mais, mystérieusement, en six décennies, cette juridiction originale n'a jamais été constituée…

Quant aux trois monarques, ils sont citoyens français, votent aux élections locales et nationales, y compris à la présidentielle française, mais ces électeurs couronnés jouissent d'une aura particulière dans leurs États : « Le "roi" préside à toutes les cérémonies religieuses et civiles, note l'ethnologue. Il est le gardien de la forêt primaire, source de fertilité, et du maquis central, exploité en cas de famine ; il est responsable de la vie et de la survie du "pays" *fenua*. Les prestations *(fatogia)* destinées au "roi" proviennent de l'ensemble des terres de l'île, chaque maisonnée, chaque village, chaque association contribuant aux présentations de vivres et aux travaux collectifs qui rassemblent autour de sa personne l'ensemble du "pays" et de la société *fenua*. Le "roi" est enfin garant de l'inaliénabilité de la terre, les Wallisiens n'héritant des ancêtres que des seuls droits d'usage. On m'a raconté qu'à l'occasion d'un litige foncier le "roi" coupa court aux revendications en déclarant : À Wallis, le "pays" *(fenua)*, c'est moi. »

Cette prétention louis-quatorzienne paraît aberrante en République, et pourtant elle n'est pas fausse : « À Wallis, le roi et ses sujets partagent la citoyenneté française et sont donc égaux du point de vue de la République. Cependant, l'autorité du "roi" est telle que l'administration ne saurait l'affronter et délibérément passer outre son avis sans risquer le soulèvement de la population », prévient l'exploratrice. Il subsiste en effet, dans l'imaginaire local, une vision sacralisée du monarque, considéré comme un passeur entre notre monde et l'Au-delà, lui qui règne aussi bien sur les vivants que sur les morts.

Traditionnellement, le *Lavelua* ne peut être évoqué qu'à travers un vocabulaire particulier qui ne sert que pour lui, le Christ et Dieu... Comme l'ancien empereur de Chine ou le Dalaï-Lama, il fait l'objet d'interdits témoignant de sa nature surhumaine : ainsi, il n'est pas permis de le regarder dans les yeux, de lui parler directement ou, injure inexpiable, de se tenir plus haut que lui...

En présence d'un si puissant personnage, pas étonnant que les pouvoirs s'articulent, dans l'esprit de la loi de 1961. Ainsi, dans chacune des trois îles, le « chef de la circonscription » est un fonctionnaire de la République française qui a pour tâche de mettre en œuvre les décisions du roi et de ses conseillers, statuant en « conseil de circonscription ».

Ce chambellan doit en outre composer avec l'Église catholique car, si les monarques coutumiers ont survécu, c'est à travers une alliance avec les pères maristes. Sous leur influence, et non par l'effet de la législation française, les trois rois ont dû renoncer à la polygamie ; les missionnaires ont aussi obtenu d'importantes concessions de la République laïque, puisqu'un accord laisse aux prêtres l'ensemble des écoles maternelles et primaires de l'archipel, sous un simple et lointain contrôle de l'Éducation nationale. Celle-ci n'administre directement que les collèges et lycées.

Considérées comme l'une des terres les plus catholiques du monde, les îles Wallis et Futuna n'en restent pas moins attachées à des traditions très antérieures à l'arrivée des missionnaires, comme la cérémonie du kava.

Le kava *(Piper methisticum)* est une plante dont on broie la racine pour la mélanger à de l'eau ; dans les temps anciens, les racines étaient d'ailleurs mâchées consciencieusement par la communauté insulaire et recrachées dans un pot commun, où elles fermentaient comme du vin, la salive humaine contenant des enzymes... Mais il en va du vrai kava du Pacifique comme du fromage au lait cru en Europe, les amateurs peinent à en trouver de l'authentique : c'est plutôt dans l'eau pure que macèrent aujourd'hui les racines, pour donner un breuvage étrangement translucide, au goût âcre et terreux, qui est d'abord porté aux lèvres du roi, avant d'être distribué en fonction du statut social des dégustateurs.

Le kava s'est maintenant démocratisé et exporté, avec un franc succès car cette plante est gentiment hallucinogène : une drogue douce, très douce, qui plonge le buveur dans un état contemplatif et le met en relation avec les esprits des ancêtres. Légale dans les petits États indépendants du Pacifique et à Hawaii, elle a conquis la Californie et, de là, les quartiers à la mode de New York et de Londres. La France, à l'imitation de l'Allemagne, a préféré interdire cette racine du mal : en janvier 2002, l'Agence française de sécurité sanitaire des produits de santé a en effet prohibé, au nom du principe de précaution, la mise sur le marché du kava sous toutes ses formes – y compris le Kaviase, un médicament pourtant remboursé par la Sécurité sociale depuis des décennies.

Mais le kava, breuvage royal ancré dans les mœurs locales, reste en vente libre aux îles Wallis et Futuna ; et en Nouvelle-Calédonie, où les Wallisiens ont été nombreux à migrer, le gouvernement local l'a légalisé, moyennant patente pour les tenanciers de *nakamals*, les coffee shops de bord de mer où l'on peut siroter impunément ce haschich liquide... Stupéfiant nocif et dangereux en métropole ainsi que dans le reste de l'Outre-mer français, le kava reste boisson bienfaitrice et légale sur les terres où s'exerce la magique influence du *Lavelua*, du *Tamolevai* et du *Tuigaifo*...

Rois en leurs îles et inspirés par la consommation du meilleur kava, fins politiques au point d'avoir accompli l'exploit de réaliser l'alliance du trône et de l'autel sous le drapeau tricolore d'une République laïque, ces trois souverains pourraient fort raisonnablement demander à battre monnaie, ce qui plairait aux numismates du monde entier et assurerait ainsi de coquets revenus à leurs trois micro-monarchies. Après tout, le prince de Monaco et le pape émettent bien des pièces en euros, alors que ni le Rocher ni le Vatican ne font partie de l'Union européenne. Pourquoi les royaumes d'Alo, de Sigave et d'Uvéa n'auraient-ils pas leurs euros du Pacifique, plutôt que ce franc CFP de nature outrageusement coloniale ?

La situation est d'autant plus absurde qu'à l'inverse, dans la seule véritable « colonie française du Pacifique », le franc CFP ne semble pas avoir cours légal : à savoir l'île de Clipperton, un atoll désolé de 7 km^2, au large du Mexique qui l'a longtemps revendiqué, jusqu'à ce qu'un arbitrage surprise du roi d'Italie n'attribue cette terre à la France.

Le problème de la monnaie locale, à première vue, ne saute pas aux yeux, car l'atoll est inhabité... Il n'en est pas moins mentionné dans la Constitution – dont l'article 72-3, depuis 2008, dispose en effet que « la loi détermine le régime législatif et l'organisation particulière des Terres australes et antarctiques françaises et de Clipperton » – et accueille périodiquement des missions scientifiques ou des marins de la Royale en rotation dans les parages.

Sur le plan administratif, Clipperton dépend du représentant de l'État en poste à Papeete, autrement dit du haut-commissaire en Polynésie française. Mais nuance : l'atoll ne fait pas pour si peu partie du « pays d'Outre-mer » que constitue la Polynésie française, dont il est séparé par 5 400 km d'océan, soit à peu près la distance entre Paris et Montréal. C'est par « dédoublement fonctionnel » qu'un même préfet assure le haut-commissariat en Polynésie *et* l'administration directe de Clipperton. Deux casquettes sur une même tête, pour deux entités qui ne se situent d'ailleurs pas du même côté de l'équateur : tandis que la Polynésie française, comme la Nouvelle-Calédonie et Wallis-et-Futuna, se trouve dans l'hémisphère Sud, Clipperton est l'unique terre française du Pacifique Nord, ce qui donne d'ailleurs un siège à la France au sein de la Commission compétente de l'ONU, au même titre que les États-Unis, la Chine et le Japon…

Sans population permanente, l'atoll de Clipperton est évidemment dépourvu d'institutions locales et de tout particularisme juridique ou judiciaire. Résultat : ce sont les lois françaises qui s'y appliquent de plein droit, à la virgule près. En cas de litige entre un scientifique et un marin sur une caisse de bières volée, ou tout simplement d'atteinte à la biodiversité, ce sont donc les tribunaux de Paris qui sont compétents ! Et les amendes encourues sont, naturellement, libellées en euros. Clipperton est même le point de la zone euro le plus isolé du monde, et pour le moment le seul de l'océan Pacifique – mais, contrairement aux possessions ultramarines espagnoles, portugaises, néerlandaises, et aux départements d'Outre-mer français de la Martinique, de la Guadeloupe, de la Guyane et de La Réunion, l'île n'apparaît pas sur les billets émis par la Banque centrale européenne. C'est pourtant bien en euros que les juges de Paris feront payer amendes et dommages-intérêts à tout contrevenant de passage.

Certes, la criminalité à Clipperton reste encore discrète, mais l'île, souvent déserte, difficile d'accès, pourrait attirer un jour des malfaiteurs, comme elle accueillit jadis le pirate anglais Clippington dont dérive son nom. Les narcotrafiquants d'Amérique du Sud, en particulier, pourraient s'intéresser à ses plages, où viennent s'échouer parfois les paquets de cocaïne largués en mer à l'approche des garde-côtes. De vraies fortunes, en poudre blanche, gisent là dans l'écume, au milieu des coquillages et des crabes. Un jour peut-être, la brigade des Stups fera une descente à Clipperton, et les délinquants arrêtés n'auront que 10 000 kilomètres à faire pour passer devant leur juge parisien, dans la tour de fer des Batignolles…

Cas pratique : imaginons des navigateurs aventureux, allant de Nouméa à Clipperton à bord de leur voilier, en trompant l'ennui d'une longue traversée par une consommation continue de kava. Ils auraient légalement acheté leur produit stupéfiant en francs CFP à leur point de départ, pour se trouver passibles de prison et redevables d'une forte amende en euros à leur point d'arrivée – et tout cela, sans quitter la France ! Si par ailleurs ces mêmes marins étaient des Wallisiens ou Futuniens régis par leur droit local, plusieurs années de procédure seraient sans doute nécessaires pour déterminer s'ils relèvent des tribunaux de Paris, de l'autre côté de la planète, qui sans doute les condamneraient, ou du conseil coutumier de leur île natale, à plus de 8 000 kilomètres au sud-ouest, qui certainement les relaxerait…

On le voit, le droit français est capricieux et mutin aux Antipodes, et on comprend ces Français qui, dans l'ombre, travaillent à doter Clipperton d'un statut plus clair. Un jour, peut-être, verra-t-on dans les annonces officielles du Gouvernement une offre d'emploi pour le recrutement d'un roi coutumier bénévole, chargé d'administrer pour la France les vieilles épaves, nuées d'oiseaux de mer et millions de crabes rouges du territoire clippertonnien. Une proposition de ce genre, en 1971, avait suscité de nombreuses lettres de candidature – mais c'était hélas un canular de journaliste.

Enfin, si d'aventure un navigateur découvrait dans les parages un atoll resté inconnu de tous, ou si un volcan sous-marin faisait surgir une terre nouvelle, la France serait fondée à réactiver sa vieille loi du 30 juillet 1900, promulguée par le regretté Émile Loubet, aux termes de laquelle « le Président de la République est autorisé à prendre, par voie de décret, les mesures d'ordre administratif et judiciaire pour assurer la protection et garantir les droits des citoyens français établis dans les îles et terres de l'océan Pacifique ne faisant pas partie du domaine colonial de la France et n'appartenant à aucune autre puissance civilisée »...

Ainsi, le Président de la République française n'est pas seulement chanoine de Latran, coprince d'Andorre et vice-roi de l'île des Faisans : nouveau Robinson, il gouverne par décret les îlots inattribués, inconnus ou à naître de l'océan Pacifique... Pour l'Atlantique et l'océan Indien en revanche, faute de loi idoine, le droit du premier occupant continue de s'appliquer.

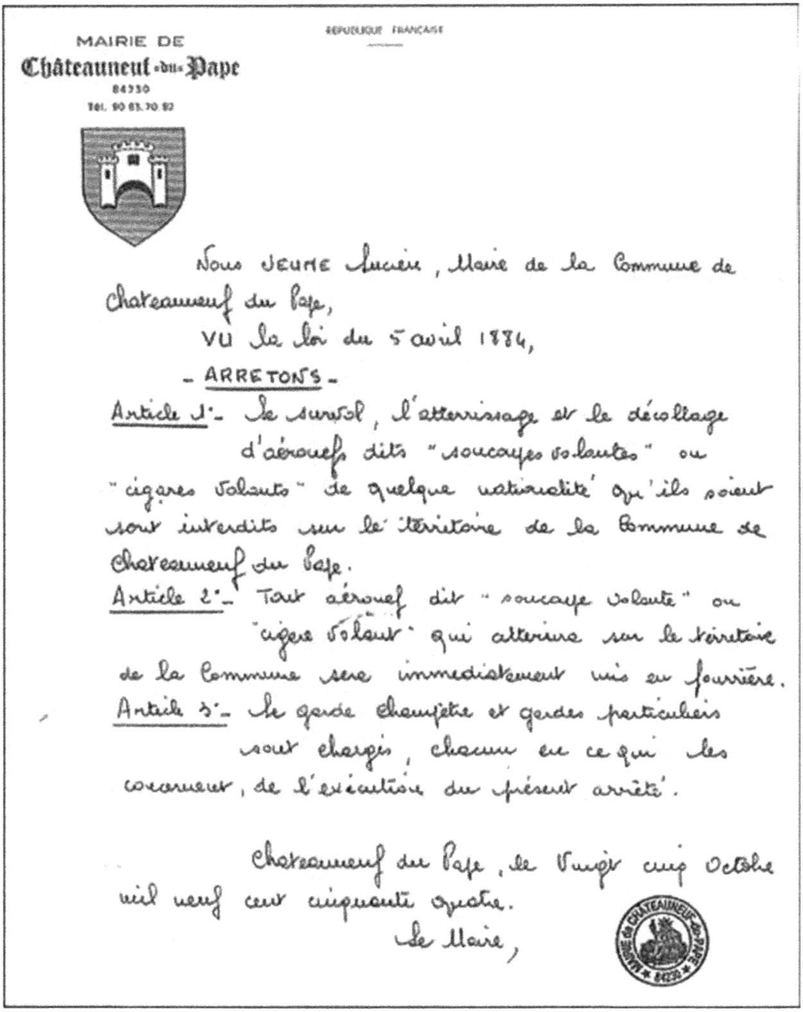

MAIRIE DE
Châteauneuf-du-Pape
84230
Tél. 90 83 70 92

RÉPUBLIQUE FRANÇAISE

Nous JEUNE Lucien, Maire de la Commune de Chateauneuf du Pape,

VU la loi du 5 avril 1884,

- ARRETONS -

Article 1°- Le survol, l'atterrissage et le décollage d'aéronefs dits "soucoupes volantes" ou "cigares volants" de quelque nationalité qu'ils soient sont interdits sur le territoire de la Commune de Chateauneuf du Pape.

Article 2°- Tout aéronef dit "soucoupe volante" ou "cigare volant" qui atterrira sur le territoire de la Commune sera immédiatement mis en fourrière.

Article 3°- Le garde champêtre et gardes particuliers sont chargés, chacun en ce qui les concerne, de l'exécution du présent arrêté.

Chateauneuf du Pape, le Vingt cinq Octobre mil neuf cent cinquante quatre.

Le Maire,

MAIRIE de CHÂTEAUNEUF du PAPE 84230

Arrêté municipal du 25 octobre 1954 interdisant les soucoupes volantes à Châteauneuf-du-Pape, consultable sur le site Internet de la mairie.

Chapitre XVI

ÉDITS ET ÉDILES

Au chapitre des roitelets, pourtant, nul besoin de franchir les océans ni de gagner les Antipodes : tous les maires de France, ultramarins ou métropolitains, ont des pouvoirs considérables, qui ne sont limités que par les frontières de leur commune, la prééminence de la légalité républicaine et la modestie de leurs moyens.

Les maires, on l'oublie trop souvent, sont d'abord agents de l'État : c'est en cette qualité que, depuis la Révolution, ils tiennent l'état civil, en lieu et place du curé ; celui-ci doit en outre leur fournir une clef du clocher, depuis qu'un décret du 15 mars 1906 permet au maire de faire sonner les cloches de l'église « pour annoncer les réjouissances publiques, les périls immédiats ou [...] commémorer un événement ». Officier de police judiciaire, le maire peut également demander la dispersion d'un attroupement et même requérir pour ce résultat l'emploi de la force publique, mais le Code pénal exige pour cela qu'il soit revêtu de son écharpe tricolore au moment de ces sommations et injonctions ; et l'écharpe doit être portée correctement, c'est-à-dire

MAIRIE DE GRENOBLE.

POLICE DU THÉATRE.

ARRÊTÉ

RELATIF AUX

DÉBUTS

DES ARTISTES.

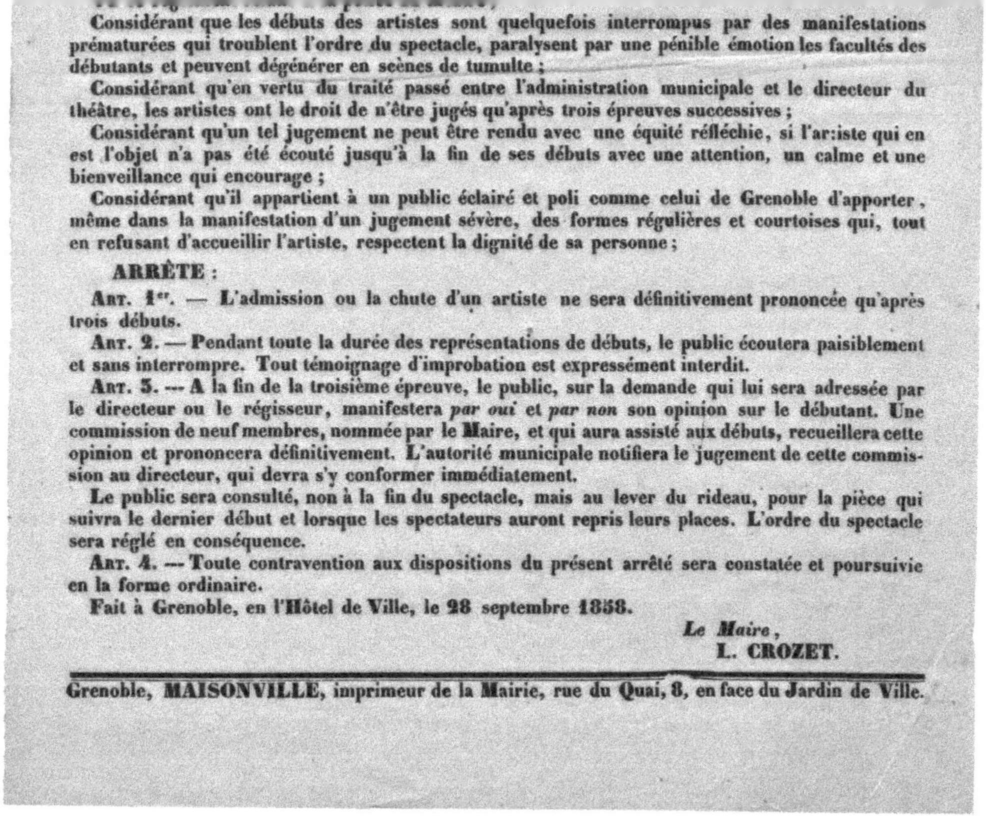

Considérant que les débuts des artistes sont quelquefois interrompus par des manifestations prématurées qui troublent l'ordre du spectacle, paralysent par une pénible émotion les facultés des débutants et peuvent dégénérer en scènes de tumulte ;

Considérant qu'en vertu du traité passé entre l'administration municipale et le directeur du théâtre, les artistes ont le droit de n'être jugés qu'après trois épreuves successives ;

Considérant qu'un tel jugement ne peut être rendu avec une équité réfléchie, si l'artiste qui en est l'objet n'a pas été écouté jusqu'à la fin de ses débuts avec une attention, un calme et une bienveillance qui encourage ;

Considérant qu'il appartient à un public éclairé et poli comme celui de Grenoble d'apporter, même dans la manifestation d'un jugement sévère, des formes régulières et courtoises qui, tout en refusant d'accueillir l'artiste, respectent la dignité de sa personne ;

ARRÊTE :

Art. 1er. — L'admission ou la chute d'un artiste ne sera définitivement prononcée qu'après trois débuts.

Art. 2. — Pendant toute la durée des représentations de débuts, le public écoutera paisiblement et sans interrompre. Tout témoignage d'improbation est expressément interdit.

Art. 3. — A la fin de la troisième épreuve, le public, sur la demande qui lui sera adressée par le directeur ou le régisseur, manifestera *par oui* et *par non* son opinion sur le débutant. Une commission de neuf membres, nommée par le Maire, et qui aura assisté aux débuts, recueillera cette opinion et prononcera définitivement. L'autorité municipale notifiera le jugement de cette commission au directeur, qui devra s'y conformer immédiatement.

Le public sera consulté, non à la fin du spectacle, mais au lever du rideau, pour la pièce qui suivra le dernier début et lorsque les spectateurs auront repris leurs places. L'ordre du spectacle sera réglé en conséquence.

Art. 4. — Toute contravention aux dispositions du présent arrêté sera constatée et poursuivie en la forme ordinaire.

Fait à Grenoble, en l'Hôtel de Ville, le 28 septembre 1858.

Le Maire,
L. CROZET.

Grenoble, MAISONVILLE, imprimeur de la Mairie, rue du Quai, 8, en face du Jardin de Ville.

Affichette publiant l'arrêté municipal du 28 septembre 1858 « relatif aux débuts des artistes » à Grenoble.

la bande bleue du côté du col, seuls les députés et les sénateurs étant autorisés à la porter dans l'autre sens, le rouge en haut.

Tout maire est aussi, et avant tout, un élu local, qui a le pouvoir de prendre des arrêtés municipaux : autrement dit, des textes normatifs qui, s'ils n'ont pas la force ni bien sûr la portée géographique d'une loi nationale, peuvent néanmoins avoir des effets très concrets sur la vie de leurs concitoyens. Certains en ont profité pour donner l'exemple et ouvrir des droits nouveaux, comme l'écrivain Jules Renard, maire de Chitry-les-Mines (Nièvre) où il institua la gratuité des fournitures scolaires en 1906, ou dans le même département l'ingénieur Joseph Archer, maire de Cizely, où il mit en circulation la première monnaie européenne, l'europa, dès 1929.

Avant eux, le 28 septembre 1858, le maire de Grenoble Louis Crozet avait généreusement tenté de venir au secours des comédiens, trop chahutés à son goût : « Considérant que les débuts des artistes sont quelquefois interrompus par des manifestations prématurées qui troublent l'ordre du spectacle, paralysent par une pénible émotion les facultés des débutants et peuvent dégénérer en scènes de tumulte », cet humaniste, ancien ami de Stendhal, arrêta que « l'admission ou la chute d'un artiste ne sera définitivement prononcée qu'après trois débuts »... Autrement dit, avant tout jet de tomates, il fallait trois fois laisser sa chance au débutant, « avec une attention, un calme et une bienveillance qui encouragent »...

D'autres maires abusèrent quelque peu de leur pouvoir municipal, en édictant des arrêtés franchement dictatoriaux ou délirants... Ainsi, Désiré Guillemare, fondateur de Saint-Ouen-sur-Iton (Orne) dont il fut maire pendant cinquante-sept ans, de 1849 à sa mort en 1904 : il obligea les habitants à construire des cheminées en tire-bouchon pour laisser une trace dans l'histoire, ainsi qu'un phare en pleine terre portant sa statue en bronze grandeur nature... Il offrait une casquette à chaque enfant du village, mais il fallait l'enlever pour le saluer chaque fois qu'on le croisait.

À la même époque sévit Eugène Thomas, maire socialiste du Kremlin-Bicêtre, dans la banlieue de Paris : le 10 septembre 1900, à la faveur d'un scandale de mœurs mettant en cause un ecclésiastique, cet ouvrier farouchement anticlérical fit afficher un arrêté municipal interdisant le port de la soutane sur le territoire de sa commune – « considérant qu'il n'est pas juste de laisser le clergé bénéficier d'un régime de faveur [...], en outre, que si le costume spécial dont s'affublent les religieux peut favoriser leur autorité sur une certaine partie de la société, il les rend ridicules aux yeux de tous les hommes raisonnables »... Cassé par le préfet, puisque non conforme à la loi, ce texte n'en fit pas moins la gloire de ce bouffeur de curé dont l'affiche fut rééditée pendant un siècle dans les milieux libres-penseurs.

RÉPUBLIQUE FRANÇAISE — Liberté, Égalité, Fraternité

Commune du Kremlin-Bicêtre

ARRÊTÉ

interdisant le port de la SOUTANE

sur le Territoire de la Commune

LE MAIRE DU KREMLIN-BICÊTRE,

Vu les dispositions de la loi du 5 Avril 1884, articles 91, 92, 94 et 97 ;

Vu les dispositions d'un arrêt de la Cour de Cassation au 26 Février 1847 ;

Vu les dispositions d'un arrêt de la Cour de Cassation au 11 Novembre 1881 ;

Vu les dispositions de l'article 43 de la loi du 18 Germinal an X ;

Vu les dispositions de l'arrêté du Conseil d'État du 3 Août 1882, fondé sur un arrêté des Consuls du 17 Nivose an XII ;

Considérant qu'il n'est pas juste de laisser le clergé bénéficier d'un régime de faveur lui permettant de se soustraire aux obligations que supportent tous les autres citoyens ;

Considérant que le clergé est un groupe de fonctionnaires ; qu'il importe particulièrement, en raison de leur nombre, de leur indiscipline naturelle et de la nature même de leurs fonctions complètement inutiles au bien de l'État, de les rappeler en toutes choses au respect absolu de toutes les lois ;

Considérant que, puisqu'ils profitent matériellement des dispositions de la loi du 18 Germinal an X, il est spécialement utile qu'ils se soumettent à tous les articles de cette loi essentielle ;

Considérant, en outre, que si le costume spécial dont s'affublent les religieux, peut favoriser leur autorité sur une certaine partie de la société, il les rend ridicules aux yeux de tous les hommes raisonnables, et que l'État ne doit pas tolérer qu'une catégorie de fonctionnaires servent à amuser les passants ;

ARRÊTE :

Article premier. — Est interdit sur le territoire de la Commune du Kremlin-Bicêtre, le port du costume ecclésiastique à toute personne n'exerçant pas des fonctions reconnues par l'État et dans les limites du territoire assigné à ces fonctions.

Art. 2. — MM. le Commissaire de Police, l'Agent voyer communal, les Agents communaux et MM. les Gendarmes sont chargés de veiller à l'exécution du présent arrêté.

Le Kremlin-Bicêtre, le 10 Septembre 1900.

Le Maire, Conseiller général,

E. THOMAS.

Affiche publiant l'arrêté municipal du 10 septembre 1900 qui interdisait le port de la soutane sur le territoire de la commune du Kremlin-Bicêtre.

En 1920, à Montmartre, le dessinateur Jules Depaquit se déclara « Maire immortel et dictateur », avant de réformer le mariage, déclaré « aussi provisoire que la scarlatine, le rhume de cerveau, la Société des Nations et la consolidation du franc », puis d'interdire par arrêté municipal toute mortalité sur la Butte...

Il est juste de préciser que Montmartre n'était qu'une « Commune libre », une municipalité pour rire dirigée par un humoriste, mais l'exemple a fait tache d'huile puisque plusieurs maires de France, démocratiquement élus, sains de corps et d'esprit, ont également interdit à leurs administrés de mourir sur le territoire communal.

Il s'agit dans ce cas d'un moyen astucieux de protester contre l'Administration, par exemple lorsqu'elle empêche l'agrandissement du cimetière. En 2000, le maire du Lavandou (Var) avait ainsi pris un arrêté municipal interdisant « à toute personne ne disposant de caveau de décéder sur le territoire de la commune », de même que le premier édile de Cugnaux (Haute-Garonne), en appelant l'attention par un arrêté similaire, a fini par obtenir que soit modifié le périmètre de sécurité d'une base militaire qui bloquait l'extension de la nécropole municipale. Suivant le mouvement, le maire de Sarpourenx (Pyrénées-Atlantiques) arrête qu'il est « interdit à toute personne ne disposant pas d'emplacement dans le cimetière [...] de décéder sur le territoire de la commune », avec ce commentaire dans la presse locale : « Si certains meurent, eh bien, ils se débrouilleront. Le premier mort qui arrive, je l'envoie au représentant de l'État dans le département... »

À Laigneville (Oise), en plein désert médical, ce fut l'impossibilité de trouver un médecin capable de délivrer dans les délais un certificat de décès qui motiva, en 2017, un nouvel arrêté municipal en faveur de l'immortalité.

À Sainte-Colombe-sur-Seine (Côte-d'Or), à l'inverse, existe un arrêté « interdisant aux femmes de procréer ». À l'origine de cette décision malthusienne : la fermeture de la maternité voisine de Châtillon-sur-Seine, obligeant les parturientes à un long trajet en voiture jusqu'à Semur-en-Auxois ou Dijon. Non sans rappeler qu'aux termes du préambule de la Constitution de 1946, cité dans celui de la Constitution de 1958 et faisant ainsi partie du bloc de constitutionnalité, « la Nation assure à l'individu et à la famille les conditions nécessaires à son développement », le maire de Sainte-Colombe-sur-Seine arrête donc le 2 juin 2008 que « les femmes enceintes devront quitter le territoire communal dès le 1er juillet 2008 » et que « des panneaux d'interdiction seront mis en place à l'entrée du village et des hameaux »...

Il faudrait un livre entier pour explorer les arrêtés municipaux étranges et hétéroclites que nous devons à la vie communale. C'est ainsi qu'à Granville (Manche), suite au passage d'un cirque, le maire a fermé la plage aux éléphants : par arrêté du

10 juillet 2009, « la plage et la baignade sont interdites pour la ménagerie du cirque ».

À Briollay (Maine-et-Loire), c'est sans doute pour plaire aux touristes que le maire s'en est pris à de beaucoup plus petits animaux, par son arrêté du 16 juillet 2018 faisant défense « aux moustiques de s'introduire sur le territoire de la commune ». Et sans doute y a-t-il la même tentative de rassurer les vacanciers dans cet arrêté en date du 14 février 2018 par lequel le maire de Challans (Vendée) prévoit que le soleil a « l'obligation de se présenter tous les matins du lundi au dimanche », la pluie n'étant « autorisée seulement trois nuits par semaine »...

On retrouve là l'esprit de la Commune libre de Montmartre, dont le maire promettait la « suppression des mois de décembre, janvier et février : jamais d'hiver »... Il n'est pas interdit aux maires d'avoir de l'humour, comme l'a montré le premier édile de la commune viticole de Vinsobres (Drôme), dont le nom géographique lui-même invite à sourire : en 1984, un arrêté municipal a prohibé la consommation de « toutes sortes de whisky » durant la Foire aux côtes-du-rhône...

Et c'est le 1er avril, en 1991, que le maire de Saint-Léger-des-Prés (Ille-et-Vilaine) a pris cet arrêté d'anthologie, inspiré par sa passion des ânes :

> Nous, maire de la commune,
> Vu les textes écrits par Chateaubriand, à propos de l'âne, et publiés dans la ***Revue des Deux Mondes*** du 1er décembre 1834,
> Vu en particulier cette affirmation selon laquelle « on couvre de son nom cent imbéciles qui ne sont pas dignes de lui ressembler »,
> Vu également cette phrase de Chateaubriand rapportée par le comte de Marcellus ***(Chateaubriand et son temps)*** selon laquelle « c'est nous, nation rieuse, qui avons fait de l'âne un animal abject »,
> Considérant que ces textes émanant d'un de nos plus grands écrivains ont force de loi,
> Arrêtons :
> Article premier : il est interdit d'utiliser sur le territoire de la commune de Saint-Léger-des-Prés toute expression portant atteinte à l'honorabilité de l'âne, en particulier « bête comme un âne », « ânerie », « bonnet d'âne »...
> Article second : tout contrevenant pris en flagrant délit devra présenter ses excuses sous forme de carottes ou de sucreries aux ânes résidant sur le territoire de la commune.
> Article troisième : le maire de Saint-Léger-des-Prés et toute autre personne susceptible d'être intéressée par cette mesure, sont chargées, chacun en ce qui le concerne, de l'exécution du présent arrêté qui sera affiché à partir du 1er avril 1991.

À Cesny-aux-Vignes (Calvados), les ânes aussi sont protégés, ainsi que tous les animaux expressifs et bruyants avec lesquels vacanciers venus des villes et néoruraux restés bobos peuvent avoir du mal à coexister : par arrêté municipal diffusé à l'été 2007, les nouveaux habitants étaient priés de « cohabiter sans plaintes avec les animaux domestiques (coq, dinde, pintade, vache, mouton, âne, etc.) » et de « s'accoutumer aux sons traditionnels du village »... Bref, « les citadins devront entendre avec respect, s'ils ne peuvent pas les écouter avec plaisir, les bruits de la vie naturelle et sauvage encore existants ».

C'est à tort, pourtant, qu'on réduirait la portée des arrêtés municipaux aux querelles clochemerlesques. Certains maires utilisent l'arme de ces édits municipaux pour lancer des messages universaux, comme l'ont fait récemment les maires écologistes interdisant le glyphosate.

Avant eux, à Fontaine-de-Vaucluse, l'ancien résistant Jean Garcin voulut éviter que la guerre froide précipite le monde dans l'horreur nucléaire expérimentée à Hiroshima et à Nagasaki. Républicain conscient des limites assignées à son pouvoir, le maire reconnut « qu'il n'appartient pas au Conseil Municipal de prendre des résolutions en lieu et place du Gouvernement, cela après approbation des Chambres émanation directe du suffrage universel ; que ces résolutions ne rentrent nullement dans le cadre de nos attributions qui se limitent à une saine gestion municipale ». Voilà pour le respect de la hiérarchie des normes.

« Mais comprenant toutefois l'ampleur de l'émotion qui s'empare de la population devant les désastres qui découleraient de l'emploi de la bombe atomique par une nation quelle qu'elle soit, et désireux sur le plan communal, en accord avec tous les Conseillers, de donner une légitime satisfaction à la demande dans la mesure des attributions communales, il demande de bien vouloir approuver la décision qu'il a de prendre un arrêté, seul pouvoir qui lui soit conféré : interdisant le port et l'usage de la bombe atomique sur le territoire de la commune de Fontaine-de-Vaucluse. »

Validée par le préfet le mois suivant, cette étrange délibération entre alors en application. « Vu la loi du 5 avril 1884 » relative à l'autonomie communale, et surtout « vu l'émotion qui s'empare de la population devant les désastres qui découleraient de l'emploi de la bombe atomique », le maire prend le 27 mars 1950 un arrêté symbolique ainsi rédigé :

« Article 1. – Le Port et l'usage de la Bombe Atomique sur le territoire de la commune de Fontaine-de-Vaucluse est interdit.

« Article 2. – Le Garde Champêtre est chargé de l'exécution du présent arrêté. »

Toujours en vigueur, cet arrêté fait de la commune de Fontaine-de-Vaucluse le seul territoire français juridiquement dénucléarisé – avec la Terre Adélie, où c'est un traité international qui proscrit tout armement atomique sur le continent antarctique. Cet arrêté pacifiste ne nuira nullement à la carrière politique de Jean Garcin, président socialiste du conseil général du Vaucluse de 1970 à 1992.

Au moment où la peur d'une apocalypse nucléaire se conjuguait à des vagues d'ovnis observées à travers le monde, Lucien Jeume, maire de

Châteauneuf-du-Pape, arrêta quant à lui que « le survol, l'atterrissage et le décollage d'aéronefs dits "soucoupes volantes" ou "cigares volants" de quelque nationalité qu'ils soient sont interdits sur le territoire de la commune ». Un arrêté du 25 octobre 1954, toujours en vigueur aujourd'hui et consultable sur le site Internet de la mairie : on peut y lire, à l'article 2, que « tout aéronef dit "soucoupe volante" ou "cigare volant" qui atterrira sur le territoire de la commune sera immédiatement mis en fourrière », mission que l'article 3 assigne gaillardement au garde champêtre…

Plus ouverte aux visiteurs des autres galaxies, la commune d'Arès (Gironde) a préféré créer un « ovniport » sur le bassin d'Arcachon, inauguré le 15 août 1976. L'aboutissement logique d'une pétition lancée par un habitant de la commune, Robert Cotten dit « Bob », électronicien à l'aéroport de Mérignac et passionné d'ufologie. « Si on ne voit jamais d'ovni, c'est parce qu'on n'a rien pour les accueillir », proclamait-il. Le maire de l'époque, Christian Raymond, lui a donné raison : sur l'ovniport, une stèle de marbre rappelle que l'initiative a été « approuvée par le conseil municipal pour accueillir sur notre planète les Voyageurs de l'Univers », lesquels sont généreusement exemptés de toute taxe d'atterrissage…

Les touristes terriens et leurs rejetons ne manquent pas de venir sur cette aire de jeu communale équipée d'une manche à air, de balises, puis, en 2010, d'une sculpture en forme de vaisseau spatial. Celle-ci, rongée par les vents marins, a été remplacée en juin 2016 par une soucoupe volante de nouvelle génération, quelque peu copiée sur l'engin du film *La Soupe aux choux*. On lit toutefois cette inscription en gascon : *Que vos atendem totjorn* – Nous vous attendons toujours…

DEPARTEMENT

Arrondissement AVIGNON

Commune d

EXTRAIT DU REGISTRE DES

DÉLIBÉRATIONS DU CONSEIL MUNICIPAL

SÉANCE du 28 FEVRIER 1950 **19**

Objet :

Interdiction de L'Usage de la bombe atomique sur le territoire de la commune.

L'An mil neuf cent cinquante *, et le* vongt huit février *à* *heures* *, le* Conseil Municipal *de cette Commune, régulièrement convoqué, s'est réuni au nombre prescrit par la Loi, dans le lieu habituel de ses séances, en session* *ordinaire du mois d*

Sous la présidence de Monsieur Jean GARCIN

Etaient présents, Messieurs : MARIANI. Antoine, RICHIER Ulysse, MICHEL Eugène, MICHEL Maurice, GUIPPI Antoine, REY Justin, COULOMP René, CHAIX Jules, Mme MENICUCCI Gisèle, JEAN Virginie.

Le Maire porte à la connaissance du Conseil Municipal que le samedi 11 février, alors qu'elle avait déjà été publiée deux jours auparavant dans le journal "La Renaissance de Vaucluse", il lui a été remise par Mmr REY, GOMEZ, CHAUVIN une lettre datée du 6 Février 1950 dont il donne lecture.

Après lecture faite, Mr GARCIN, explique que, devant pareille demande, il croit pouvoir déclarer avec tous ses collègues que le Conseil Municipal de Fontaine de Vaucluse, composé de sincères républicains et démocrates, jugé déplacé de clamer à tous propos son attachement à la Paix - ce dont personne n'a jamais douté - pas plus que sa désapprobation pour toutes les horreurs de la guerre, que certains d'entre eux ont d'ailleurs subi, en sortant même quelques fois meurtris et diminués physiquement.

Qu'il n'appartient pas au Conseil Municipal de prendre des résolutions en lieu et place du Gouvernement, celà après approbation des Chambres émanation directe du suffrage universel; que ces résolutions ne rentrent nullement dans le cadre de nos attributions qui se limitent à une saine gestion municipale.

Mais comprenant toutefois l'ampleur de l'émotion qui s'empare de la population devant les désastres qui découleraient de l'emploi de la bombe atomique par une nation quelle qu'elle soit, et désireux sur le plan communal, en accord avec tous les Conseillers, de donner une légitime satisfaction à la demande dans la mesure des attributions communales, il demande de bien vouloir approuver la décision qu'il a de prendre un arrêté, seul pouvoir qui lui soit conféré : INTERDISANT LE PORT ET L'USAGE DE LA BOMBE ATOMIQUE SUR LE TERRITOIRE DE LA FONTAINE DE VAUCLUSE.

La proposition de Mr GARCIN étant adoptée, celui ci s'excuse de ne pas s'éterniser plus longuement sur cette question, primordiale peut être au point de vue international mais demande que l'on passe immédiatement à l'examen et au vote du budget communal, qui, ainsi que le demandent, dans leur tract, toutes les organisations démocratiques de notre canton, doit être voté sans nouveaux impôts, ce qui est le cas pour celui qui va être soumis.

Extrait du registre des délibérations de Fontaine-de-Vaucluse, sur l'interdiction de l'usage de la bombe atomique sur le territoire de la commune.

Coiffés d'un bicorne, le maire de Toulon et ses adjoints
lors d'une inauguration en 1865.

Chapitre XVII

LE BICORNE DE M. LE MAIRE

Personnage cosmique, qui ordonne aux astres et aux éléments, définit la place de l'Homme dans la nature et régule même la circulation des entités biologiques extraterrestres, le maire souffre pourtant d'un certain manque de considération aujourd'hui ; tandis que le préfet pousse les petites communes à s'effacer, à disparaître au sein de regroupements problématiques, les administrés se montrent quelquefois revendicatifs, au point de menacer, voire de molester leur élu. Triste époque…

Pour rehausser le prestige du maire, il existe pourtant une solution qui figure déjà noir sur blanc dans le droit français : un splendide uniforme, avec bicorne et plumet, broderies d'argent et sabre au côté, propre à en imposer aux populations comme aux technocrates gris.

Cette tenue officielle de maire, effectivement portée au cours du XIXe siècle, est prévue dans les articles II et III d'un arrêté du 17 floréal an VIII, soit le mercredi 7 mai 1800, ainsi rédigés :

« Les maires auront un habit bleu, et une ceinture rouge à franges tricolores.

« Les adjoints à la mairie auront le même habit que les maires, et une ceinture rouge à franges blanches. »

C'est un peu vague, néanmoins ; aussi un autre arrêté des Consuls de la République – puisque nous sommes alors sous le Consulat, six mois après le coup d'État du 18-Brumaire – apporte-t-il d'utiles précisions vestimentaires, à la date du 8 messidor an VIII, soit le vendredi 27 juin 1800 :

« Art. 1er –. Les maires et adjoints qui sont à la nomination du Premier Consul auront un costume particulier.

« Art. 2 –. Celui des maires sera composé, ainsi qu'il est porté en l'arrêté des Consuls du 17 floréal dernier, de l'habit bleu complet, auquel ils ajouteront des boutons d'argent et un triple liseré uni, brodé en argent au collet, aux poches et aux parements ; le chapeau à la française, avec une ganse et un bouton d'argent, et une arme : la ceinture sera telle qu'elle a été précédemment réglée.

« Art. 3 –. Le costume des adjoints sera le même, excepté qu'ils n'auront que deux rangs de liseré brodé. »

Cet arrêté est pris en un temps où les parlementaires eux-mêmes ont un uniforme ; les maires, en outre, sont alors nommés par le gouvernement et non élus[1] : à travers le territoire, ce sont autant de petits Napoléon communaux, des notables aux idées proches de l'exécutif, recommandés par le préfet et suffisamment fortunés pour acheter cette tenue prestigieuse, mais coûteuse. Au fil du temps, toutefois, sans doute certains maires ruraux ont-ils tenté de s'épargner cette dépense somptuaire puisque, par décret du 1er mars 1852, Louis-Napoléon Bonaparte décide de rendre le port du costume de maire obligatoire.

Nous sommes alors en République, même s'il s'agit d'une République autoritaire dont le président a pris la totalité du pouvoir à la faveur du coup d'État du 2 décembre 1851 et s'apprête à imposer les institutions du Second Empire. Dans cette reprise en mains de l'exécutif, pas question de voir des maires démagogues en habits d'ouvrier ou de paysan, comme le philosophe Pierre Leroux en 1848. C'est pourquoi, « vu les arrêtés des Consuls, en date des 17 floréal et 8 messidor an VIII », Louis-Napoléon Bonaparte décrète : « Le port du costume est obligatoire pour les fonctionnaires de l'ordre administratif dans les cérémonies publiques,

---

1. De nos jours, six maires sont nommés par le préfet et non élus : ceux des communes sans habitants de Beaumont-en-Verdunois, Bezonvaux, Cumières-le-Mort-Homme, Fleury-devant-Douaumont, Haumont-près-Samogneux et Louvemont-Côte-du-Poivre (Meuse), entièrement détruites durant la première guerre mondiale et déclarées « mortes pour la France », depuis la loi du 18 octobre 1919. Ces maires entretiennent les lieux de mémoire et conservent les registres d'état civil. Ils ne peuvent voter aux élections sénatoriales ni parrainer un candidat à l'élection présidentielle.

et toutes les fois que l'exercice de leurs fonctions peut rendre nécessaire ce signe distinctif de leur autorité. »

Sous le Second Empire et encore aux débuts de la IIIe République, les maires de France portaient donc fièrement leur tenue bleue gansée d'argent : et c'était le bicorne haut, plumet au vent, qu'ils présidaient aux cérémonies patriotiques, inauguraient les comices agricoles ou s'en allaient procéder, dans les granges à foin, aux constats d'adultère. Puis vint la loi du 5 avril 1884 qui reconnaissait l'autonomie communale : les maires, démocratiquement élus, se sentirent alors le droit de ne plus porter de livrée, le costume de ville s'imposa, le genre débraillé même fut toléré, et le bel uniforme, de plus en plus boudé, finit par nourrir les mites au fond du placard.

Oui, mais ni les deux arrêtés des Consuls ni le décret du 1er mars 1852 n'ont jamais été formellement abrogés, ce qui n'a pas manqué d'émouvoir quelques élus érudits du XXIe siècle.

Le premier sera Serge Mathieu, sénateur « républicain indépendant » du Rhône, qui le 18 octobre 2001, interroge le Gouvernement sur cet irritant problème : « Au début du troisième millénaire, j'ai espoir de voir un "toilettage" des textes qui sont périmés, à l'égard des fonctions municipales », lance-t-il, réclamant de connaître « les perspectives d'abrogation du décret du 1er mars 1852 ».

Daniel Vaillant, ministre de l'Intérieur, donne à cet honorable défenseur des libertés communales une réponse aussi embarrassée qu'officielle :

« Le décret du 1er mars 1852, relatif au costume des fonctionnaires et employés dépendant du ministère de l'Intérieur n'est qu'une survivance historique. En effet, le port de l'uniforme, en particulier pour les maires et leurs adjoints, est tombé en désuétude depuis de nombreuses décennies. C'est la raison pour laquelle le texte s'y rapportant est devenu sans objet et qu'il n'apparaît pas nécessaire de l'abroger. Dans la pratique, c'est l'écharpe tricolore, dont le port est prévu par l'article R. 122-2 du code des communes, qui constitue la marque distinctive des maires et adjoints. Jusqu'à récemment, cet article ne comportait qu'une formule générale à l'attention des maires autorisés à porter l'écharpe tricolore, sans donner de précision sur la manière de la porter. Pour répondre à de nombreuses questions concernant le port de l'écharpe par les élus locaux, l'article R. 122-2 précité (aujourd'hui article D. 2122-4 du code général des collectivités territoriales) vient d'être complété par le décret n° 2000-1250, du 18 décembre 2000. Cet article définit désormais clairement, d'une part, les personnes qui sont autorisées à porter l'écharpe, et, d'autre part, la façon de la porter[1]. »

Une réponse ministérielle fort ambiguë car c'est en effet « dans la pratique », et non juridiquement, que l'écharpe est devenue l'unique emblème vestimentaire des maires de France : si « le port de l'uniforme » est bien « tombé en désuétude », tel n'est pas le cas des textes qui le prescrivent, nuance…

---

1. *Journal officiel*, Sénat, 13 décembre 2001, p. 3947.

Peu satisfait de cette situation en demi-teinte, le député UMP Dominique Paillé reprend la question en juillet 2002, et dix ans plus tard elle est encore posée par le député socialiste du Nord Dominique Baert, le 28 août 2012 : « En effet, nos concitoyens l'ignorent souvent – et en souriraient à juste titre s'ils le savaient, tant l'anachronisme est flagrant – dans notre droit, les maires se doivent de porter "un habit bleu, broderie en argent, branche d'olivier au collet, parements et taille, baguette au bord de l'habit, gilet blanc, chapeau français à plumes noires, ganse brodée en argent, épée argentée à poignée de nacre, écharpe tricolore avec glands à frange d'or". Et pour les adjoints au maire, l'habit doit comporter "coins brodés au collet, parement, taille et baguette". Qu'en 2012, ce type de disposition subsiste dans notre droit réglementaire n'a pas de sens : cela mériterait d'être abrogé. Certes, jusqu'à présent, le ministère de l'Intérieur mettait en avant que si ce texte subsistait effectivement, il était supplanté en pratique par l'article R. 122-2 du code des communes (devenu D. 2122-4 du code général des collectivités territoriales) qui réglemente le port de l'écharpe tricolore par le maire et les adjoints, texte complété par le décret du 18 décembre 2000. Pour autant, cette situation n'est pas satisfaisante. La France du XXIe siècle, une France "décentralisée" comme le souligne notre Constitution, ne peut continuer d'être administrée par des textes réglementaires datant du XIXe siècle tel que celui précité pour les costumes d'apparat des édiles (et fonctionnaires !)

locaux. » Et le député de demander « l'abrogation prochaine effective de ce décret du 1er mars 1852, et, ce faisant, de règlements comparables au regard de leur applicabilité réelle », voire « la mise en place d'une structure de refonte de la réglementation territoriale, pour que soient abrogés les textes inopérants, inutiles ou d'évidence périmés. La gestion locale, comme l'administration territoriale de la République auraient beaucoup à gagner d'une telle simplification, et d'un allègement de procédures anachroniques ».

Le ministre de l'Intérieur, à qui s'adresse cette question, est alors Manuel Valls, dont les services concoctent cette réponse substantielle : « Le décret du 1er mars 1852 n'a pas fait l'objet d'une abrogation expresse. Toutefois, les normes postérieures abrogent implicitement les normes antérieures avec lesquelles elles sont inconciliables. Or, l'article D.2122-4 du code général des collectivités territoriales (CGCT), dans sa rédaction modifiée par le décret n° 2000-1250 du 18 décembre 2000, prévoit désormais le port par le maire de "l'écharpe tricolore avec glands à franges d'or" dans les cérémonies publiques et toutes les fois que l'exercice de ses fonctions peut rendre nécessaire ce signe distinctif de son autorité. Au regard de la rédaction de l'article D.2122-4 du CGCT, il apparaît que ces dispositions ont implicitement abrogé les dispositions antérieures du décret du 1er mars 1852 relatives au costume du maire dans les cérémonies publiques. Dans ces conditions, une abrogation expresse des dispositions du décret du 1er mars 1852 relatives au costume du maire ne s'avère pas nécessaire[1]. »

Bref, pas besoin d'abroger, c'est déjà mort, du fait de l'écharpe tricolore qui se substitue à l'uniforme… On pourrait ergoter, toutefois, que rien n'empêche de porter une écharpe tricolore *par-dessus* le costume, celle-ci lui étant très antérieure, puisqu'elle est déjà décrite à l'article 3 d'un décret du 20 mars 1790 et à l'article 30 du titre V du décret général sur l'organisation de la municipalité de Paris, en date du 21 mai 1790. En outre, dans un pays de droit écrit, un décret reste un décret tant qu'il n'est pas remplacé explicitement, et non « implicitement », par un autre décret. Tel est en tout cas le raisonnement qu'articule en 2015 le jeune maire de Plouha, dans les Côtes-d'Armor, par ailleurs docteur en histoire du droit… Lui n'a pas suivi les explications embrouillées des ministres de l'Intérieur successifs : puisqu'un costume officiel de maire a été institué par décret, il en fait réaliser un à sa taille et l'arbore, fièrement, durant les cérémonies officielles !

« Avant d'être élu maire en 2014, j'ai découvert l'existence d'un décret du 1er mars 1852, qui imposait cet uniforme à tous les maires de France, explique-t-il à la presse. Féru d'histoire et de droit, je me suis alors rendu aux archives départementales pour en savoir plus sur cette tenue, et j'ai appris que le décret était toujours en vigueur.

1. *Journal officiel*, Assemblée nationale, 10 septembre 2013, p. 9487.

Alors, pourquoi ne pas le remettre au goût du jour ?

« Je suis allé voir la maison de costumiers AntikCostume, à Dinard, spécialisée dans la fabrication d'uniformes napoléoniens. Ils m'ont tout de suite rassuré : il était possible de refaire ce modèle ! D'autant qu'ils ont déjà travaillé pour des attachés d'ambassade, des ingénieurs des Mines[1]... »

Après la réalisation de ce prototype, le costumier a d'ailleurs inscrit la tenue officielle de maire à son catalogue et elle n'est pas à portée de toutes les bourses : pour la veste et le bicorne, il faut compter 1 870 euros, sans qu'on sache si c'est par humour que le prix a été fixé à ce montant, évocateur de la chute du Second Empire. Il est vrai qu'il s'agit d'un article de luxe : « Fabrication uniquement sur mesure, au moins un passage dans nos locaux est indispensable », prévient le fournisseur de Son Excellence M. le maire. « Le bicorne est garni de plumes d'autruche frisées en bandes fournies par un des derniers plumassiers français, la ganse brodée argent est au modèle réglementaire. »[2] Il faut compter huit à douze semaines de délais pour pouvoir enfin revêtir son habit complet, lequel suppose en outre le paiement de quelques suppléments : 173 euros pour le gilet blanc qui se porte sous la veste, 577 euros pour

1. « Fier de porter l'uniforme de maire créé sous le Second Empire ! » in *France Dimanche*, 27 avril 2016.

2. ANTIKCOSTUME, 8, rue des Frères Boussac, Zone industrielle, 35800 Dinard. Email : contact@antikcostume.com

les « boutons de fonctionnaire civil » réargentés, 280 euros pour le pantalon à taille haute avec galon argenté latéral, auxquels s'ajoutent encore un millier d'euros pour le « ceinturon de cuir noir réglable avec boucles à plateaux et gousset porte-épée » et surtout l'arme elle-même, « une épée ancienne de fonctionnaire civil IIIe République, nous avons refait le fourreau pour lui assurer une solidité suffisante ».

Au total, avec ses accessoires, le « costume de maire avec épée et ceinturon porte-épée » coûte 3 790 euros chez le bon tailleur : de quoi faire hurler le contribuable d'une petite commune si Éric Duval n'avait pris la précaution de faire savoir qu'à la manière des notables du Second Empire, il avait payé cette tenue de ses propres deniers. Une dépense qu'il n'a jamais regrettée, d'ailleurs : « J'ai remarqué que cela m'incite à me tenir plus dignement. Je n'ai d'ailleurs que des retours positifs de la population[1] », déclare-t-il à une journaliste.

Le jeune maire, coiffé de son bicorne, fait sensation à sa première sortie en costume, pour la célébration du pardon de Notre-Dame d'Auray, en juillet 2015. « Les gens se précipitaient sur moi pour savoir si j'étais consul ou sous-préfet. Du haut de mes 1,75 m, je porte bien l'uniforme. Tous les élus bretons voulaient se faire photographier à mon côté, et me lançaient : "Vous êtes de loin le plus beau !" »

1. In *Le Parisien*, 28 janvier 2016.

« Par la suite, j'ai célébré trois mariages dans cet accoutrement. Je ne veux choquer personne, donc je demande toujours aux futurs époux s'ils sont d'accord pour que je porte la tenue officielle des maires du Second Empire. Personne n'a refusé.

« Je me sens à l'aise dans cet uniforme. Et cela donne un peu de "gueule" aux événements, non ? On a beaucoup négligé la forme et je constate que les administrés en redemandent. »

Tout en admettant son caractère « un peu atypique, un brin provocateur », le maire de Plouha recommande à ses homologues le port de ce costume qui magnifie son élu : « Et comme j'ai tendance à me voûter, l'habit m'oblige à garder le dos bien droit. En uniforme, on ne peut pas se tenir comme un sac, sans quoi on se prend l'épée… »

Traité de « névrosé » par un internaute que choquait son anachronisme, le maire emplumé répond avec philosophie : « Que voulez-vous ? On ne peut pas plaire à tout le monde. Et puis, ce n'est pas plus excentrique que l'uniforme des académiciens, qui date de 1801, ou celui des polytechniciens, retouché en 1830 !

« Enfin, sachez que dans l'exercice de ma profession – je suis magistrat en formation –, je porte des robes d'audience conçues au XVIe siècle. Finalement, l'uniforme de maire de 1852 est une réelle touche de modernité, non ? »

Cet exemple a d'ailleurs fait des émules, car au moins deux autres maires se sont laissé séduire par le charme de l'uniforme.

« Aujourd'hui, un maire peut marier ses administrés en tongs et en short », déplore Roger Houzel, maire d'Offin (Pas-de-Calais), 204 habitants. Attaché aux traditions, lui aussi s'est commandé l'uniforme bleu aux parements d'argent, l'épée et le bicorne : « Ce costume fait partie du patrimoine culturel de la France et aujourd'hui avec l'Europe et la perte de nos valeurs nationales, tout ce qui nous enracine dans notre patrimoine et nos traditions est nivelé, il est bon de se rappeler que nous sommes Français », indique le maire d'Offin.

Si son inspirateur de Plouha a quitté ses fonctions en 2016, Roger Houzel a été triomphalement réélu aux municipales de 2020 : preuve que ses administrés ne lui en veulent pas de porter beau, voire d'écraser de sa magnificence le préfet lui-même, que sa terne tenue et sa casquette plate font ressembler, en comparaison, à un steward de compagnie aérienne à bas coût.

Sans doute les autres maires de France n'oseront-ils pas aller si loin dans le spectaculaire, mais il leur reste cependant une ressource à travers leur garde champêtre. Car il subsiste, en France, de nos jours, environ sept cents gardes champêtres, agents communaux de catégorie C toujours chargés d'assurer la police des campagnes…

« Je vous remercie de donner la parole aux plus vieux policiers de France – même si nous ne faisons pas notre âge », lancent ainsi leurs porte-parole, auditionnés par les députés en 2019. « En effet, le garde champêtre traîne son bicorne ou son képi dans nos campagnes depuis dix siècles.

Connaissez-vous d'autres représentants de la force publique qui aient atteint une telle longévité ? J'en doute. Il a traversé l'histoire plutôt discrètement, sans connaître de grandes réformes. Certes, les effectifs se sont réduits depuis l'époque où le garde champêtre était présent dans toutes les communes de France. Aujourd'hui, ils sont clairsemés, sans réelle cohérence territoriale, et sont parfois affectés à des tâches sans lien avec leurs fonctions statutaires.

« Le métier est asphyxié par un concours peu sélectif, un déroulement de carrière décalé, une formation inadaptée, des textes qui tirent les fonctions de garde champêtre tantôt vers le haut, tantôt vers le bas, par des oublis incompréhensibles ou en introduisant des contradictions juridiques rendant alors l'exercice des prérogatives périlleux.

« Il faut y ajouter la lisibilité déplorable de notre métier, qui peine à s'aligner sur celle de nos collègues municipaux, et ce malgré une assise historique et juridique incontestable. Les médias en dressent un tableau parfois déplorable, le temps des gardes champêtres serait révolu, sous-entendant la modestie de leurs capacités d'action.

« Pourtant, la lecture de l'article 24 du code de procédure pénale démontre à elle seule la qualité judiciaire assez exceptionnelle de ce fonctionnaire territorial : pouvoir d'audition dans le cas d'atteinte aux propriétés, qu'elles soient publiques ou privées, pouvoirs liés au bois et forêts ou encore à l'environnement. Ces prérogatives permettent aux gardes champêtres de traiter un grand nombre de plaintes, en déchargeant les services de police et de gendarmerie[1]. »

Une série de textes anciens s'applique encore à leur métier mais, par une charmante ironie de l'Histoire, aucun arrêté des Consuls ni décret impérial ne fixent la couleur ni les emblèmes de leur tenue au plan national : en dehors d'un insigne de cuivre portant les mots « La Loi », avec L capital à « Loi » s'il vous plaît, les communes ont toute liberté d'accoutrer leurs gardes champêtres comme il leur plaît…

« Les gardes champêtres de France souhaitent avoir une identité, concrétisée par un uniforme, une sérigraphie de véhicules de service, et des cartes professionnelles ; comme les policiers municipaux. Cet uniforme nous ferait bénéficier d'une reconnaissance générale de ce métier multiséculaire », suggère l'un des gardes champêtres auditionnés à l'Assemblée nationale en 2019.

Il y a bien sûr la tenue historique, telle qu'on peut la voir sur mannequins au Musée du Garde champêtre de Bargemon (Var), tenu par celui de cette localité : vareuse bleue, bicorne à cocarde tricolore, pistolet à silex et traditionnel « sabre-briquet » à lame courte pour en imposer au voleur de poules récalcitrant… Mais en l'espèce, un maire imaginatif pourra broder autant qu'il veut. Un élu

1. Commission d'enquête sur la situation, les missions et les moyens des forces de sécurité, qu'il s'agisse de la police nationale, de la gendarmerie ou de la police municipale. Audition de MM. Jean-Luc Woyciechowski, Romain Janson et Hervé Bénazéra, gardes champêtres, Assemblée nationale, mardi 28 mai 2019.

Carte postale satirique de la IIIe République :
un garde champêtre en tenue lit un arrêté grivois
cosigné par « l'Agent Banlaire »…

sécuritaire a le pouvoir de doter sa police rurale de tenue léopard de type paramilitaire, un mégalomane pourrait imposer morion et hallebarde façon garde suisse du Vatican, tout est permis, dans le seul respect de la législation nationale sur le port d'armes…

À noter d'ailleurs que pareille fantaisie est ouverte à tout particulier un peu fortuné, en application du décret du 20 messidor an III, autrement dit du 8 juillet 1795. Malgré son apparence révolutionnaire, ce texte confère au bourgeois une prérogative très féodale puisque « tout propriétaire aura le droit d'avoir pour ses domaines un garde champêtre »… Même s'il doit faire agréer son garde par la municipalité et contribuer quand même au traitement de celui de la commune, le moindre propriétaire d'un champ ou d'un bout de forêt peut légalement faire garder ses champignons par une force mercenaire dont il aura dessiné la tenue et choisi l'armement…

Promeneurs en vue ! Hallebardier, en avant !

Chapitre XVIII

MORT CIVILE DES LOIS

Le 22 avril 2015, Jonas Gudmunson prit une grave décision. Lui n'était pas maire, mais commissaire du district des Fjords-occidentaux, en Islande, et il savait que son lointain prédécesseur Ari Magnusson avait, en 1615, pris un décret permettant de tuer en toute impunité les Espagnols qui mettraient le pied sur le sol glacé de la patrie. En un contexte de guerre de religion aggravé par la concurrence des Basques espagnols dans la pêche à la baleine, trente-deux intrus venaient d'ailleurs d'être massacrés par la population et le décret visait à affirmer qu'il n'y avait nul crime à les avoir trucidés de la sorte.

Or, l'Islande a une vraie culture de l'écrit. C'est ainsi qu'elle a préservé sa langue, qui dérive du vieux norrois des Vikings. Aussi le décret de 1615, rédigé en bonne et due forme, est-il resté en vigueur à travers les siècles, malgré les mouvements historiques qui ont fait de l'île une république parlementaire, membre de l'ONU et de l'Espace économique européen au même titre que l'Espagne, et tellement pacifique qu'elle ne possède même plus d'armée.

Quatre cents ans après le massacre des Basques espagnols, Jonas Gudmunson proclama donc, le 22 avril 2015, l'abrogation du décret, dont à peu près tout le monde avait oublié l'existence, mais que l'avocat d'un éventuel assassin de touriste espagnol aurait pu invoquer juridiquement et qui faisait tout de même un peu désordre dans le droit d'une démocratie moderne…

Cette abrogation, en même temps qu'elle scellait la réconciliation hispano-islandaise, eut les honneurs de la presse internationale et fit ainsi, à peu de frais, une belle campagne de promotion pour la république d'Islande et son estimable commissaire du district des Fjords-occidentaux, promu défenseur de la paix et paladin des droits de l'Homme.

Ainsi, le dépoussiérage d'un arsenal juridique ancien peut avoir une portée politique, voire politicienne, servir à des fins de pure communication, et ce n'est donc pas sans trembler qu'il faut révéler l'existence de textes pittoresquement obsolètes, au risque de les désigner à la vindicte publique et d'inspirer de nouveaux Gudmunson assoiffés de publicité…

Pour autant, il est sans doute d'intérêt général que le droit applicable soit expurgé des normes devenues absurdes et sans objet, ce que constatait déjà l'humaniste Francis Bacon au temps du décret Magnusson : « Les lois tombées en désuétude, et pour ainsi dire usées », écrivait-il dans son *Exemple d'un traité sommaire sur la justice universelle et sur les sources du droit*, doivent « être soumises à l'examen d'hommes délégués avec pouvoir de les supprimer.

Car une loi expresse, qui est tombée en désuétude, n'étant pas pour cela régulièrement abrogée, il arrive de là que le mépris pour les lois trop vieilles rejaillit sur les autres et leur fait perdre quelque peu de leur autorité. Et il en résulte quelque chose de semblable au supplice de Mézence[1] ; je veux dire que les lois vivantes périssent par leurs embrassements avec les lois mortes. Il ne faut épargner aucune précaution pour garantir les lois de la gangrène. »

Dans cet esprit, en France, plusieurs vagues de modernisation du droit ont déjà enterré nombre de cadavres législatifs. Ce fut ainsi qu'en 2004, par voie d'ordonnance, était rectifié l'article 1er du Code civil qui disposait encore que « les lois sont exécutoires dans tout le territoire français, en vertu de la promulgation qui en est faite par le roi » et ajoutait même qu'elles « seront exécutées dans chaque partie du royaume »...

La République ayant ainsi repris ses droits de manière sûre, la loi du 17 mai 2011 fit disparaître définitivement ce qui subsistait de la vieille « loi des prétendants » du 22 juin 1886, qui bannissait du sol de France les membres des anciennes familles régnantes. Elle avait déjà été abrogée par une loi du 24 juin 1950 d'ailleurs, mais celle-ci prévoyait encore, en son article 2, une possibilité d'exil forcé : « Au cas où les nécessités de l'ordre public l'exigeraient, le territoire de la République pourra être

1. Du nom du roi étrusque qui l'aurait appliqué, supplice consistant à lier le condamné à un cadavre, mains contre mains et visage contre visage.

interdit à tout membre des familles ayant régné en France par décret pris en Conseil des ministres. » C'est donc cet article princièrement discriminatoire de la loi de 1950 qui se trouva lui-même abrogé par la loi « de simplification et d'amélioration de la qualité du droit » du 17 mai 2011, laquelle s'efforça aussi d'effacer toutes les mentions rendant les lois françaises applicables « aux départements d'Algérie »...

Ce fut aussi à des fins d'apaisement mémoriel que la loi « relative à l'égalité et à la citoyenneté » du 27 janvier 2017 abrogea l'ordonnance royale du 17 avril 1825 par laquelle Charles X concédait son indépendance à la république d'Haïti, contre le versement à la Caisse des dépôts et consignations d'une indemnité de 150 millions de francs-or pour dédommager les anciens colons – ainsi que la loi du 30 avril 1849 qui indemnisait les planteurs suite à l'abolition de l'esclavage.

Et ce fut pour faire la chasse aux normes dépassées que le Bureau du Sénat, en janvier 2018, constitua une mission BALAI : Bureau d'Abrogation des Lois Anciennes Inutiles. L'acronyme a de quoi surprendre car, historiquement, le balai est plutôt un symbole de ligues antiparlementaires. Il figurait ainsi sur l'emblème des Jeunesses patriotes, avec pour slogan : « Les JP balaieront tout ça ! » Tout ça, autrement dit la loi républicaine, les délibérations, amendements et autres arrangements de la vie des assemblées... Mais les temps changent et l'impatience des usagers est telle que le Parlement lui-même promet un grand ménage dans ses propres productions législatives.

En 2020, la mission BALAI a donc fait voter la disparition définitive d'une quarantaine de lois, à travers une proposition « tendant à améliorer la lisibilité du droit par l'abrogation de lois obsolètes » ; car tel est le génie du droit que, pour supprimer des lois tombées en désuétude, il faut une loi supplémentaire !

Fut ainsi abrogée, sans contestation possible, la loi du 7 juillet 1881 qui rendait obligatoire l'alcoomètre centésimal de Gay Lussac pour mesurer la concentration d'alcool dans les liquides : ces appareils, depuis longtemps remplacés par des outils plus modernes, ne se trouvaient plus que chez les brocanteurs...

Abrogées aussi, la loi du 14 juillet 1819 « relative à l'abolition du droit d'aubaine » ; la loi du 15 juillet 1850 « sur les sociétés de secours mutuels », devenue contraire au code de la mutualité ; la loi du 21 mai 1873 « relative aux commissions administratives des établissements de bienfaisance », les bureaux de bienfaisance des communes ayant été remplacés par les centres communaux ou intercommunaux d'action sociale.

Abrogée encore, la loi du 14 août 1885 « sur les moyens de prévenir la récidive », dont le seul article encore en vigueur concernait les sociétés de patronage, remplacées par les services pénitentiaires d'insertion et de probation.

Adieu, la loi du 25 juillet 1891 « autorisant le Mont-de-Piété de Paris à faire des avances sur valeurs mobilières au porteur », alors que le Mont-de-Piété était devenu le Crédit municipal.

Forclose, la loi de finances du 30 décembre 1903, dont les dispositions encore en vigueur prévoyaient d'organiser la destruction des sangliers à partir du 1er janvier 1904 en réservant la propriété de l'animal abattu à celui qui l'avait tué – en contradiction avec le code de l'environnement.

Exit, la loi du 1er août 1905 « sur les fraudes et falsifications en matière de produits ou de services », dont les seules dispositions encore en vigueur régissaient, d'une part, la répartition des amendes prononcées pour des infractions qui n'existaient plus et, d'autre part, l'attribution de subventions aux communes par une commission départementale également disparue.

De profundis, la loi du 12 février 1916, alors qu'elle tendait à « réprimer le trafic des monnaies et espèces nationales », c'est-à-dire, en un temps d'économie de guerre où la rareté du métal avait provoqué une pénurie de numéraire, à empêcher que les pièces de monnaie disponibles soient utilisées pour une somme supérieure à leur valeur faciale.

Même la loi du 4 juillet 1934 sur l'appellation « Cognac » ne trouva pas grâce aux yeux des épurateurs. Pionnière en son temps, elle interdisait de faire figurer les mots « Cognac », « Charente », « Armagnac » ou le nom d'une localité de production de ces eaux-de-vie sur une bouteille dont le contenu ne pouvait prétendre à l'appellation d'origine. Depuis la création des AOC en 1936, ces dispositions étaient de nature réglementaire.

Or, malgré cette vaste purge, les lois de nos grands-pères prouvèrent qu'elles pouvaient avoir la vie dure.

Ainsi, la mission BALAI aurait voulu supprimer aussi la loi du 29 juillet 1881, portant sur des crédits des exercices budgétaires 1879, 1880 et 1881, au temps de Jules Ferry… Pourtant, le seul article encore en vigueur de ce texte n'était pas sans intérêt, puisqu'il imposait aux administrations d'envoyer gratuitement leurs documents et rapports aux bibliothèques des assemblées parlementaires : cette disposition, simplement réécrite dans un style plus moderne, fut du moins maintenue dans son fond.

Maintenue également, y compris dans sa lettre, la loi de 1854 sur la mort civile, que les législateurs du XXIe siècle croyaient pouvoir balayer tranquillement. Issue du droit romain, la mort civile consistait à priver un individu de ses droits civils, suite à sa condamnation aux galères ou au bannissement. L'individu frappé de mort civile devenait ainsi un véritable fantôme administratif : en vie, mais juridiquement mort à la société, privé à jamais de toute existence légale et dans l'incapacité de vendre, d'acheter, de donner, de signer… Cette pénalité abominable fut abolie par la loi du 31 mai 1854, dont deux articles restaient encore en vigueur en 2020 : l'article 1er, disposant que « la mort civile est abolie », et la clause transitoire de l'article 5, précisant que « les effets de la mort civile cessent, pour l'avenir, à l'égard des condamnés, actuellement morts civilement, sauf les droits acquis aux tiers ».

Les derniers condamnés étant morts depuis fort longtemps et les dernières références à la mort civile ayant été supprimées en 2009, il semblait logique d'abroger le texte de 1854, mais le Conseil d'État, dans son avis, s'est néanmoins interrogé sur l'effacement de toute allusion à la mort civile en droit français. En effet, « s'il n'en reste aucune trace aujourd'hui, ni dans le Code pénal, ni dans le Code civil, et si l'article 1er de cette loi de 1854 [...] a ainsi épuisé ses effets juridiques, cette disposition [...] conserve un intérêt historique et une valeur symbolique ».

Au reste, abroger une abolition, n'est-ce pas quelque peu rétablir ? Pour éviter toute résurgence sournoise d'une forme nouvelle de mort civile, le Parlement a finalement maintenu l'article 1er de la loi de 1854, limitant l'abrogation envisagée à la seule clause transitoire de l'article 5.

De nombreuses lois anciennes, par ailleurs, n'ont pas été examinées par la mission BALAI, qui par exemple n'a pas retenu la loi du 8 avril 1914 « autorisant le ministre des Affaires étrangères à offrir au Gouvernement espagnol le chanfrein de l'armure de Philippe II ». Cette loi fut votée à des fins diplomatiques, pour contourner le principe de l'inaliénabilité du patrimoine de l'État, ledit chanfrein appartenant alors au musée de l'Armée. Il s'agit d'une pièce de fer protégeant la tête du cheval.

Approuvée par la Chambre des députés le 11 mars 1914, après déclaration d'urgence et sans examen en commission, cette loi très contestable pourrait sans doute être cassée par une question prioritaire de constitutionnalité. Mais l'Espagne restituerait-elle pour autant le chanfrein, exposé avec le reste de l'armure au palais de l'Escurial ? Rien n'est moins sûr…

Pour d'autres textes, la mission a considéré que leur abrogation était déjà implicitement acquise, comme la fameuse « loi interdisant le port du pantalon aux femmes » qui fit tant de bruit en 2013. Cette année-là, toute la presse se fit l'écho de cette loi rétrograde, enfin abolie, après deux siècles d'atteinte aux droits des femmes…

Une brève recherche aurait pourtant suffi à voir qu'en fait de « loi », il ne s'agissait que d'une ordonnance du préfet de police, c'est-à-dire d'un texte réglementaire, uniquement applicable à Paris et dans sa proche banlieue, tant qu'elle restait conforme à la législation nationale. Publiée le 16 brumaire an IX – soit le 7 novembre 1800 –, cette ordonnance « concernant le travestissement des femmes » était en outre plus complexe qu'on voulait bien le dire, puisqu'elle prévoyait non une interdiction absolue, mais des exceptions, en précisant que « toute femme désirant s'habiller en homme doit se présenter à la préfecture de police pour en obtenir l'autorisation et que celle-ci ne peut être donnée qu'au vu d'un certificat d'un officier de santé ». Certes, ce n'était pas la liberté, mais les titulaires de cette autorisation pouvaient donc circuler en pantalon sans être appréhendées, ce qui était plus libéral, à l'époque, que dans les départements où ce texte n'avait pas cours.

Complétée par des circulaires de 1892 et de 1909, pour les cavalières et les cyclistes, l'ordonnance ne gênait plus les Parisiennes depuis longtemps quand elle servit à faire parler, en février 2013.

Depuis plusieurs années, le Conseil de Paris ainsi que plusieurs parlementaires en demandaient l'abrogation, et ce fut en répondant à une question écrite du sénateur Alain Houpert que le ministère des Droits des femmes déclara que « cette ordonnance était implicitement abrogée, dépourvue de tout effet juridique et ne constituait qu'une pièce d'archives conservée comme telle par la Préfecture de police de Paris ».

« Cette insistance à abroger une loi qui n'existe pas est assez déroutante », note la chercheuse Christine Bard, qui a étudié sérieusement l'histoire de ce texte. « Lorsque la sénatrice Corinne Bouchoux, en commission des lois, rectifie l'erreur le 21 décembre 2011 en indiquant qu'il s'agit d'une ordonnance, elle ne semble pas entendue et doit insister auprès du rapporteur Jean-Pierre Michel visiblement incrédule. [...] L'annonce de l'"abrogation" fait le buzz depuis le 1er février. Les articles de courte taille sur le sujet multiplient les inexactitudes historiques. Il est par exemple question de femmes qui furent emprisonnées en vertu de l'ordonnance de 1800. N'exagérons pas : elles risquaient une amende et passaient un mauvais moment au commissariat. Si elles avaient berné leur employeur en se faisant passer pour hommes, elles perdaient évidemment leur gagne-pain.

« D'abord s'agit-il d'une "abrogation" ? Non. Le ministère des Droits des femmes donne un commentaire, un avis, mais il n'a pas le pouvoir d'abroger. Il s'est borné à constater que l'ordonnance était incompatible avec le préambule de la Constitution de 1946 et ne pouvait plus recevoir application. L'abrogation serait implicite... »

Ainsi, résume la chercheuse, « en prétendant abroger une ordonnance désuète, les autorités cherchent à s'attribuer ce qui dans les faits fut obtenu par les femmes[1] »...

Mais abroger une loi qui n'existait pas, n'est-ce pas le point ultime de la modernisation législative ?

1. Christine Bard, « Le droit au pantalon. Du pittoresque au symbolique », in *La Vie des idées*, 1er mars 2013.

Chapitre XIX

INSTITUTIONS INÉBRANLABLES

Les vagues de modernisation juridique se heurtent aussi aux institutions, par définition conçues pour être durables et narguer le temps. Ainsi, le texte de la Constitution ne peut être révisé qu'au fil d'une procédure lourde, de sorte que nombre de révisions constitutionnelles ont fini par échouer. À titre d'exemple, en 2012 comme en 2017, le vainqueur de l'élection présidentielle avait promis de supprimer l'alinéa de l'article 56 en vertu duquel « font de droit partie à vie du Conseil constitutionnel les anciens présidents de la République ». Cette retraite dorée existe toujours.

Très critiqué aussi, l'article 16 sur les pouvoirs spéciaux du chef de l'État en cas de circonstances exceptionnelles : « Lorsque les institutions de la République, l'indépendance de la nation, l'intégrité de son territoire ou l'exécution de ses engagements internationaux sont menacés d'une manière grave et immédiate et que le fonctionnement régulier des pouvoirs publics constitutionnels est interrompu, le Président de la République prend les mesures exigées par ces circonstances, après consultation officielle du Premier ministre, des présidents des assemblées ainsi que du Conseil constitutionnel. »

Voulu par le général de Gaulle en réaction à l'effondrement de 1940, cet article organise une totale confusion des pouvoirs entre les mains du Président de la République : celui-ci devient provisoirement un *dictateur,* au sens de la dictature de six mois que prévoyaient les institutions de la République romaine en cas de péril grave, au temps de Cincinnatus.

Qu'une disposition de la Rome antique ait pu renaître dans la Constitution française de 1958 est déjà un prodige en soi. Mais les constitutionnalistes avertis savent qu'en outre, l'article 16 de la Constitution comporte une particularité remarquable : il institutionnalise une faute d'orthographe !

Relisons-le attentivement : « Lorsque les institutions de la République, l'indépendance de la nation, l'intégrité de son territoire ou l'exécution de ses engagements internationaux sont menacés… » Mais oui, c'est bien sûr, il faudrait écrire « menacées », au féminin pluriel, puisque les trois sujets de l'auxiliaire « être » sont tous des groupes nominaux féminins…

Or, dans l'urgence, et grisés par la portée de leur mission, les constituants de la Ve République ne virent pas cette menue faute d'accord, qui figure dans le texte originel de la Constitution, approuvé par 82,6 % des Français à l'issue du référendum du

28 septembre 1958. Une poignée de grammairiens vota-t-elle « non » à cause de ce manquement aux règles de la langue française ? On l'ignore, mais la large victoire du « oui » grava dans le marbre des institutions cette erreur qui aurait coûté un point à tout écolier de la même époque.

Or, pour corriger un texte juridique, il faut un autre texte de même valeur. Pas question de retoucher unilatéralement même une simple lettre ou une virgule, cela pouvant dans certains cas modifier le sens du texte. Pour rectifier l'article 16 de la Constitution, il faudrait donc une révision constitutionnelle ! C'est la faute d'orthographe la plus chère de l'histoire puisque, pour la corriger, outre le vote préalable des deux chambres du Parlement, il faudrait réunir celles-ci en Congrès à Versailles, ou bien organiser un référendum… Avec le risque d'ouvrir plus largement le débat sur l'article 16 dans son fond, ce qui n'est plus la même chose.

La faute d'accord de l'article 16 a bien failli être corrigée dans le cadre de la grande révision constitutionnelle lancée en 2017, qui portait sur de nombreux points ; mais celle-ci, s'enlisant dans l'affaire Benalla, n'a jamais dépassé le stade de la première lecture… La règle de l'accord du participe comporte donc toujours une exception de valeur constitutionnelle, que chacun peut invoquer pour excuser ses propres flottements dans ce domaine.

La Constitution française comporte une autre erreur, de fond celle-là, à son article 24 précisant que le Parlement « comprend l'Assemblée nationale et le Sénat ». C'est certes vrai en temps ordinaire, et même en cas de recours à l'article 16 puisque dans cette hypothèse « le Parlement se réunit de plein droit », mais il reste le scénario-catastrophe où les chambres se trouveraient dans l'impossibilité absolue de se réunir. Insurrection, invasion étrangère, pluie d'obus, guerre civile : c'est ce qu'a vécu la France durant « l'Année terrible » 1871, à l'issue de laquelle le comte de Tréveneuc eut une idée : doter la France d'une assemblée de secours, mobilisable au cas où les parlementaires se trouveraient dans l'impossibilité de siéger !

Représentant des Côtes-du-Nord à l'Assemblée nationale, et monarchiste convaincu que le salut viendrait des campagnes, Tréveneuc proposa de faire appel aux élus des départements, appelés « conseillers généraux » de son temps. En cas de péril majeur, chaque conseil général aurait le droit de dépêcher deux de ses élus, en un point quelconque du territoire, voire à l'étranger, pour délibérer valablement sur les destinées de la France. C'est ainsi que fut promulguée la loi Tréveneuc du 23 février 1872, qui dispose qu'une « assemblée composée de deux délégués élus par chaque conseil général, en comité secret, se réunit dans le lieu où se seront rendus les membres du Gouvernement légal et les députés qui auront pu se soustraire à la violence »...

Cette loi, toujours en vigueur, n'a jamais été mise en œuvre depuis sa promulgation ; toutefois, c'est justement parce qu'on n'a pas eu recours à ce mécanisme légal durant la débâcle de juin et juillet 1940 que le juriste René Cassin, travaillant pour le général de Gaulle, a pu prouver l'illégalité du régime de l'État français : à Vichy, ce n'étaient pas les députés et sénateurs réunis qu'aurait dû convoquer Pétain pour leur demander les pleins pouvoirs, mais deux cents élus départementaux ! Et c'est donc avec une certaine ingratitude que les rédacteurs gaullistes de la Constitution de 1958 laissèrent dans le registre de la loi ordinaire les dispositions vitales de la loi Tréveneuc[1].

De nos jours encore, en cas de putsch militaire, émeute insurrectionnelle de Gilets jaunes ou opération aéroportée de l'Armée populaire chinoise sur Paris, la loi Tréveneuc permettrait toujours à deux cents ex-conseillers généraux, devenus « conseillers départementaux », de former une chambre provisoire pour le salut de la Nation.

Le dispositif, encore tout neuf un siècle et demi après sa promulgation, aurait certes besoin d'être un peu rodé. *Quid* des conseils régionaux, qui n'existaient pas en 1872 ? *Quid* des conseillers de Paris, à la fois élus municipaux et départementaux ? *Quid* de la métropole de Lyon ou des collectivités à assemblée unique de la Guyane, de la Martinique et de Mayotte, aujourd'hui dépourvues de tout conseiller général ou départemental ? Il faudrait improviser un peu, rechercher l'esprit de la loi plutôt que sa lettre, mais l'important n'est-il pas que la France soit sauvée ?

1. Olivier Pluen, « La loi "Tréveneuc" de 1872 : un régime d'exception oublié », in *Journal du droit administratif*, 9 mars 2016.

Un jour peut-être, alors que tout semblera perdu fors l'honneur, deux cents élus locaux rassemblés à flanc de montagne, au fin fond de la Corse, voire à Clipperton, feront savoir au monde que la flamme de la résistance française ne doit pas s'éteindre et ne s'éteindra pas.

Chapitre XX

LES MÉDAILLES FANTÔMES DE LA RÉPUBLIQUE

Au rang des institutions difficiles à supprimer, il faut encore dire un mot des médailles et décorations destinées à honorer les serviteurs de l'État.

Charles de Gaulle, pourtant, en supprima des brassées en 1963. En bon militaire, le Général trouvait qu'on avait galvaudé le principe même des distinctions honorifiques en multipliant les insignes et brevets décernés par les différents ministères sous la République parlementaire. La Légion d'honneur, passe encore, à condition d'en réduire les contingents de décorés. Mais ces « ordres ministériels » aux croix clinquantes et bigarrées, c'était trop ! Aussi fut-il institué, par décret du 3 décembre 1963, un « ordre national du Mérite » au ruban bleu, qui absorbait la multitude de décorations pittoresques héritées du passé : l'ordre de la Santé publique, l'ordre du Mérite social, le Mérite artisanal, le Mérite commercial et industriel, le Mérite postal, le Mérite sportif, le Mérite touristique et même le si poétique « ordre du Mérite saharien », décerné par l'éphémère « ministère du Sahara »...

Supprimés encore, en ces temps de décolonisation avancée, les vieux ordres de la France d'Outre-mer, dont le ministre compétent pouvait parer ses amis de leurs rubans exotiques : fin de l'ordre de l'Étoile noire du Bénin, fondé en 1889 par Toffa, roi de Porto-Novo, en reconnaissance du protectorat français ; adieu l'Étoile d'Anjouan, fondée en 1874 par le sultan des Comores ; extinction du Nichan el-Anouar, « l'ordre des Lumières » créé en 1887 par le sultan de Tadjourah...

Malraux parvint de justesse à sauver l'ordre des Arts et Lettres, le ministère de l'Agriculture l'ordre du Mérite agricole, tandis que l'Éducation nationale obtint que soient maintenues les Palmes académiques, dont l'origine remontait à Napoléon. Pour le reste, l'ordre national du Mérite rationalisait le paysage phaléristique français.

Pour autant, les décorations réformées en 1963 n'ont pas complètement disparu...

En effet, le décret gaullien a mis fin à leur attribution, mais sans éteindre les droits des décorés.

Ainsi, un jeune méhariste honoré en 1962 du Mérite saharien, un fonctionnaire colonial bombardé de l'Étoile d'Anjouan et du Nichan el-Anouar, ou un hôtelier dynamique jadis récompensé par le Mérite touristique, s'ils vivent toujours, ont encore le droit d'arborer leurs insignes[1]...

---

1. En outre, l'ordre de l'Étoile d'Anjouan a été restauré par les Comores en 1992. Quant à l'ordre du Nichan el-Anouar, rétabli en 1974

En outre, la réforme de 1963 oublia quelques décorations discrètes, qui continuent d'exister en droit. Ainsi, la médaille d'honneur des Contributions indirectes, dont la breloque d'argent portant « une tête ailée de la République, entourée d'un feuillage de laurier et de chêne » n'est plus décernée depuis des décennies, mais n'en repose pas moins sur un décret du 29 décembre 1897, toujours en vigueur : un ministre des Finances astucieux pourrait fort bien choisir de la réactiver pour motiver les plus zélés de ses fonctionnaires, mais aussi des buralistes ou collecteurs de TVA...

La médaille de la Famille, elle aussi, a survécu. Celle-ci n'est pas un ordre ministériel, mais une distinction créée par décret du 26 mai 1920 sous le nom de « médaille d'honneur de la Famille française » : après la grande saignée de la première guerre mondiale, il s'agissait d'encourager la natalité en valorisant les pères et mères de familles nombreuses. Réformée en 2013, l'ancienne « médaille de la Famille française » continue d'être décernée : elle n'a perdu que son adjectif de nationalité, ainsi que son inspiration nataliste, puisque des « services exceptionnels rendus dans le domaine de la famille » permettent maintenant de l'obtenir. On peut donc aujourd'hui être décoré de la médaille de la Famille sans avoir d'enfants !

---

pour le territoire français des Afars et des Issas, il a été repris par la république de Djibouti après l'indépendance. Ces médailles peuvent être portées en tant que décorations étrangères.

Mais la plus étrange des médailles fantômes de la République reste sans conteste celle des Épidémies, remise à l'honneur en 2020 par l'irruption du coronavirus...

Suite au choléra de 1884 qui, venu d'Indochine, frappa Toulon, Marseille, Arles et tout le Midi de la France, une « médaille d'honneur des Épidémies » fut instituée par décret, le 31 mars 1885, pour récompenser les actes de dévouement.

D'abord attribuée par le ministère du Commerce – qui comportait alors une direction de l'Hygiène publique –, puis par le ministère de l'Intérieur et enfin par le ministère de l'Hygiène, créé en 1920 et devenu celui de la Santé publique, cette médaille récompensait les personnes qui s'étaient particulièrement distinguées pendant les périodes de maladies épidémiques, en s'exposant à des dangers de contamination, en donnant des soins aux malades, mais aussi « en préservant, par une intervention personnelle et digne d'être signalée, un territoire ou une localité de l'invasion d'une maladie épidémique » ou encore « en contribuant à répandre la pratique de la désinfection ou en participant aux opérations de désinfection ».

La médaille d'honneur des Épidémies comportait quatre classes : bronze, argent, vermeil et or. Nul ne pouvait obtenir le vermeil ou l'or s'il n'était titulaire de la médaille de bronze ou d'argent, ou n'appartenait à la Légion d'honneur. Le ruban était tricolore – avec rosette pour le vermeil et l'or – et l'insigne, à l'effigie de Marianne. Tous les titulaires recevaient en outre un diplôme officiel rappelant les causes qui avaient motivé leur distinction.

Au fil du temps, l'attribution de cette médaille a été étendue au ministère de la Guerre en 1892, à celui de la Marine en 1909 et à celui des Colonies en 1927, le ministère de l'Intérieur pouvant également l'attribuer pour l'Algérie.

Les attributions coloniales et algériennes ont disparu depuis 1962. La même année, les attributions militaires ont été remplacées par la médaille d'honneur du Service de Santé des Armées. En revanche, même si la médaille d'honneur des Épidémies n'était plus remise depuis des décennies, le décret fondateur du 31 mars 1885 était toujours en vigueur en 2020, quand un virus venu d'Asie confina la France et demanda des efforts surhumains aux soignants. Aussi le Gouvernement annonça-t-il son intention d'attribuer de nouveau une telle décoration aux personnes qui se seraient distinguées dans la lutte contre le coronavirus.

Le ministère de la Santé dispose aussi d'une « médaille d'honneur de la Santé et des Affaires sociales », instituée par décret du 4 février 2012 pour récompenser des personnes qui, « dans leur activité professionnelle ou à titre bénévole, ont rendu des services honorables dans le domaine sanitaire et social », ainsi que des « services exceptionnels ». Cette seconde décoration, voulue par Nicolas Sarkozy et sa ministre Roselyne Bachelot, est toutefois en sommeil depuis l'alternance qui a suivi sa création. En réponse à une question écrite du député socialiste Jacques Cresta, le ministère a indiqué, le 5 janvier 2016 : « Une évolution du dispositif de cette médaille est actuellement envisagée ce qui a conduit à suspendre son application. »

Quant à la vieille médaille des Épidémies, créée sous la présidence de Jules Grévy, le Gouvernement voulut en rénover le cadre en prenant un nouveau décret. Cette mesure fut diversement accueillie. Annoncée trop tôt peut-être, en pleine crise sanitaire, elle parut dérisoire aux syndicats de soignants qui réclamèrent « des moyens, pas des médailles »...

Avec le recul du temps, toutefois, il sera certainement nécessaire de manifester la reconnaissance de la Nation, d'autant que cette médaille peut être attribuée à titre posthume. Et les contingents restreints de la Légion d'honneur et de l'ordre national du Mérite ne permettront pas d'honorer les nombreux professionnels de santé, pompiers, élus, chercheurs et autres personnalités engagées dans la lutte contre la pandémie. Grâce à Jules Grévy, la France pourra un jour honorer celles et ceux qui ont combattu le coronavirus.

Chapitre XXI

LAGOMORPHES AGRÉÉS

Ainsi, toutes les vieilles lois ne sont pas à jeter. Outre la précieuse Déclaration des droits de l'Homme et du citoyen, qui date certes du 22 août 1789, mais garantit des droits et libertés irremplaçables, on pourrait citer le décret d'Allarde, entré en vigueur le 1er avril 1791, qui supprima les corporations et dont l'article 7 continue de proclamer qu'il « sera libre à toute personne de faire tel négoce ou d'exercer telle profession, art ou métier qu'elle trouvera bon ; mais elle sera tenue de se pourvoir auparavant d'une patente, d'en acquitter le prix, et de se conformer aux règlements de police qui sont ou pourront être faits ». Et c'est « vu le décret de la Convention nationale du 7 décembre 1792 relatif aux passeports à accorder à ceux qui seraient dans le cas de sortir du territoire français pour leurs affaires » qu'a été rédigé le décret du 30 décembre 2005 qui régit le contenu et l'usage de nos passeports actuels.

De même, c'est un reliquat de la Constitution de l'an VIII – celle du Consulat, au temps de Sieyès et de Bonaparte – qui fait de notre domicile « un asile inviolable » puisque « pendant la nuit, nul n'a le droit d'y entrer que dans le cas d'incendie, d'inondation ou de réclamation faite à l'intérieur de la maison ». C'est toujours en vertu de ce texte que la police ne peut lancer une perquisition qu'au petit matin.

On ne s'étonnera donc pas que ce soit aussi « vu l'arrêté des Consuls du 12 messidor an VIII » que sont signés tous les arrêtés et circulaires actuels du préfet de police, à Paris. On pourrait s'en moquer, mais il faut savoir que le texte aujourd'hui applicable n'est plus qu'une dentelle très ajourée de l'arrêté initial du 1er juillet 1800. Sur Légifrance, on passe directement de l'article 2 à l'article 21, ce qui relègue au rang de souvenir historique l'ancien article 9 aux termes duquel le Préfet de police « fera surveiller les maisons de débauche, ceux qui y résideront ou s'y trouveront »... De même sont tombés l'article 13 qui lui faisait contrôler « la distribution et la vente des poudres et salpêtres », l'article 14 qui lui confiait l'exécution des « lois relatives aux émigrés », c'est-à-dire aux nobles ayant fui la France révolutionnaire – et on se surprend à regretter la disparition de l'article 17 qui lui destinait « les déclarations des ministres des cultes et leur promesse de fidélité à la Constitution de l'an VIII », ainsi que la surveillance des « lieux où on se réunit pour l'exercice des cultes ».

D'autres dispositions demeurent, comme l'article 32 sur les « foires, marchés, halles, places publiques, et les marchands forains, colporteurs, revendeurs, portefaix, commissionnaires », dont la version modernisée n'évoque plus les sympathiques

« porteurs d'eau, [...] et les cochers, postillons, charretiers, brouetteurs, porteurs de chaise, porte-falots » du Paris de Balzac. L'article 36 en revanche, inchangé depuis 1800, met « à sa disposition, pour l'exercice de la police, la garde nationale », milice civique créée par Lafayette en 1789 et qui avait été dissoute en 1872, pour avoir été massivement communarde. Or, après une longue éclipse, une nouvelle garde nationale n'a-t-elle pas été créée en 2016, au lendemain des attentats, pour regrouper l'ensemble des réserves opérationnelles des armées ? Longtemps resté à l'état de zombie juridique, le vieil article 36 de l'arrêté des Consuls du 12 messidor an VIII met aujourd'hui cette force d'appoint à la disposition du préfet de police, comme l'ancienne garde nationale du Consulat et de l'Empire...

Le premier préfet de police, Dubois, est par ailleurs à l'origine d'un texte toujours en vigueur : l'ordonnance du 12 février 1806, réglementant l'installation des établissements polluants et dangereux, et que les spécialistes du développement durable considèrent comme pionnière dans ce domaine. Publié au début de la révolution industrielle, quand les émanations toxiques se répandaient dans les habitations, voici ce qu'exige le premier texte écologiste de France : « Il est défendu d'établir dans la Ville de Paris, aucun Atelier, Manufacture ou Laboratoire qui pourraient compromettre la salubrité ou occasionner des incendies, sans avoir préalablement fait à la Préfecture de Police, la déclaration des matières qu'on se proposera d'y travailler, et des travaux qui devront y être exécutés. »

Qui s'en plaindra, et qu'importe si le texte fondateur a plus de deux siècles d'existence ?

Bi-séculaire aussi est la loi du 27 janvier 1804 qu'on retrouve mot pour mot à l'article 552 de notre Code civil, selon lequel « la propriété du sol emporte la propriété du dessus et du dessous ». Autrement dit, ce texte donne au propriétaire d'un terrain la propriété du sous-sol, ce qui fait que le détenteur d'une parcelle ne possède pas seulement une surface, mais un prisme partant théoriquement du centre de la Terre et se prolongeant dans l'espace aérien attenant à son champ : gisements, minerais, grottes, nappes de pétrole situées en sous-sol lui appartiennent, aussi bien d'ailleurs que les branches d'arbres et les fruits qui pendent au-dessus de son terrain, quand bien même le tronc se trouverait sur une parcelle voisine. Ce qui, au final, est beaucoup plus avantageux que le droit de nombreux pays, qui réservent à l'État les ressources du sous-sol.

Et si une tierce personne découvrait, dans les profondeurs du terrain, une cassette remplie de pièces d'or et d'argent ? Du Consulat encore date l'article 716 du Code civil qui depuis 1803, sans aucun changement rédactionnel, fixe les modalités de partage d'un trésor, défini comme « toute chose cachée ou enfouie sur laquelle personne ne peut justifier sa propriété, et qui est découverte par l'effet du pur hasard ».

Quant aux « effets mobiliers apportés par le voyageur ayant logé chez un aubergiste, hôtelier ou logeur et par lui laissés en gage pour sûreté de sa dette, ou abandonnés au moment de son départ », une loi du 31 mars 1896 permet toujours au juge d'en autoriser la vente aux enchères, « après une ou plusieurs annonces à son de trompe »... Pourquoi pas, si cela aide l'hôtelier à rentrer dans ses frais ?

N'appartient cependant pas à cette catégorie de bagage abandonné l'artefact oublié dans les galeries d'un musée par un artiste distrait : dans ce cas s'appliquait la loi du 30 juillet 1913 « autorisant la vente, au profit de l'État, des copies de tableaux exécutées dans les musées nationaux et abandonnées par leurs auteurs », étendue à l'Alsace-Moselle en 1924 sous le label erroné de « loi du 30 juin 1913 », puis elle-même égarée dans le musée des lois désuètes... Qui gênait-elle ? En quoi la modeste recette qu'elle apportait au budget de l'État pouvait-elle déranger l'Administration ? Était-ce l'obligation d'avertir les ayants droit potentiels en publiant la description détaillée des croûtes délaissées, par des insertions au *Journal officiel* ou des affiches aux abords des musées ? Dommage, car cette loi des temps humanistes de la Belle Époque, promulguée par le Président Poincaré, permettait en son article 3 d'embellir à peu de frais les locaux administratifs : « Les copies présentant des qualités sérieuses d'exécution pourront recevoir une affectation spéciale au profit d'un service de l'État. »

Humaniste encore, et sans doute en sursis, la loi dite « Baudelaire », permettant de prononcer la réhabilitation des écrivains condamnés par la justice, à la demande de la Société des gens de lettres. Contrairement à Lamartine, Hugo et plusieurs autres poètes français, Baudelaire ne fut pourtant pas élu député. Fils d'un fonctionnaire du Sénat, il ne fut jamais un grand démocrate et, sous le Second Empire, écrivit qu'il ne pourrait voter que pour lui-même…

En 1857, la justice condamna l'éditeur des *Fleurs du mal*, qui dut expurger le recueil. Un 1929, le bibliophile baudelairien Louis Barthou, ministre de la Justice, chercha à faire casser cette condamnation : il imagina un dispositif adéquat, estimant que « le temps élimine de l'œuvre littéraire les caractéristiques insignifiantes et les nuances passagères influencées par la mode, mais libère ses qualités profondes et met en relief son vrai visage ».

Son projet de loi ne fut pas adopté, puis Barthou fut tué en 1934, dans l'attentat qui visait le roi de Yougoslavie, à Marseille. Mais les baudelairiens ont de la ressource et, après la guerre, ce fut le député communiste Georges Cogniot, par ailleurs normalien, écrivain et journaliste, qui reprit le flambeau : adoptée le 12 septembre 1946, la « loi Baudelaire » entra en vigueur le 26 septembre de la même année et trouva son aboutissement le 31 mai 1949, quand la Cour de cassation révisa enfin le jugement de 1857…

Cette loi est très simple : « La révision d'une condamnation prononcée pour outrage aux bonnes mœurs commis par la voie du livre pourra être demandée vingt ans après que le jugement sera devenu définitif.

« Le droit de demande de révision appartiendra exclusivement à la société des gens de lettres de

France agissant soit d'office, soit à la requête de la personne condamnée, et, si cette dernière est décédée, à la requête de son conjoint, de l'un de ses descendants ou, à leur défaut, du parent le plus rapproché en ligne collatérale.

« La Cour de cassation, chambre criminelle, sera saisie de cette demande par son procureur général, en vertu de l'ordre exprès que le ministre de la justice lui aurait donné. Elle statuera définitivement sur le fond, comme juridiction de jugement investie d'un pouvoir souverain d'appréciation. »

Depuis 1949 hélas, cette loi n'a plus jamais connu d'application concrète. La faute n'en incombe ni à la loi, impeccablement rédigée, claire et concise, ni aux autorités publiques ou aux tribunaux, qui ne demandent qu'à l'appliquer : seule l'inertie de la Société des gens de lettres est en cause. L'hôtel de Massa, où elle réside, est charmant et confortable ; on s'y assoupit facilement, entre deux cocktails, et ni la présidence, ni la direction juridique de cette vieille maison – dardant on ne sait où leurs globes ténébreux – n'ont daigné répondre à la question de savoir si la « loi Baudelaire » trouverait à resservir un jour. Il suffirait toutefois de quelques heures de travail pour qu'en application de ce texte, les œuvres de Crébillon, Sade, Diderot et quelques autres puissent enfin être lues en toute légalité, malgré les décisions de justice qui les frappent encore pour immoralité…

On le voit, il serait fort simple d'immoler la loi Baudelaire, comme le fut la loi de 1913 sur les tableaux délaissés, pour se poser en champion de la modernisation du droit. Ce serait toutefois un tour de passe-passe assez grossier, en même temps qu'une véritable injustice puisque cela reviendrait à supprimer des dispositions brèves et inoffensives en un temps où prospèrent les énoncés technocratiques les plus abscons.

Le maquis juridique impénétrable qui est le nôtre, en effet, tient moins à la persistance de textes anciens qu'à la folle prolifération de normes modernes, de plus en plus nombreuses, de plus en plus verbeuses. Entre 2002 et 2021, le nombre de mots des textes législatifs en vigueur a plus que doublé, atteignant les 7,7 millions ; le seul code de la santé publique a triplé de volume en vingt ans, pour représenter à lui seul 1,65 million de mots ; le code de l'environnement, encore très mince en l'an 2000, vient lui aussi de dépasser le million de mots, talonné de près par le code du travail et celui du commerce[1]. Et ces textes en constante expansion sont, pour la plupart, d'une lecture incroyablement malaisée.

Pour ne prendre qu'un seul exemple, presque au hasard, consultons donc le décret n° 2008-1054 du 10 octobre 2008, signé du Premier ministre François Fillon et de son ministre de l'Agriculture et de la Pêche Michel Barnier. Ce texte, quasiment illisible, débute par une dense série de visas :

1. Indicateurs de suivi de l'activité normative, cités par Marc Vignaud et Géraldine Woessner in « Voyage au Bureaucratistan », *Le Point*, 20 mai 2021.

> Vu le règlement (CE) n° 852/2004 du Parlement européen et du Conseil du 29 avril 2004 relatif à l'hygiène des denrées alimentaires, notamment l'annexe II ;
> Vu le règlement (CE) n° 853/2004 du Parlement européen et du Conseil du 29 avril 2004 fixant des règles spécifiques d'hygiène applicables aux denrées alimentaires d'origine animale, modifié en dernier lieu par le règlement (CE) n° 1243/2007 de la Commission du 24 octobre 2007, notamment le point 3 d de l'article 1er ;
> Vu le règlement (CE) n° 2076/2005 de la Commission du 5 décembre 2005 portant dispositions d'application transitoires des règlements (CE) n° 853/2004, (CE) n° 854/2004 et (CE) n° 882/2004 du Parlement européen et du Conseil et modifiant les règlements (CE) n° 853/2004 et (CE) n° 854/2004, modifié en dernier lieu par le règlement (CE) n° 1246/2007 de la Commission du 24 octobre 2007, notamment l'article 3 ;
> Vu le code rural, notamment l'article L. 654-3 ;
> Vu l'avis de l'Agence française de sécurité sanitaire des aliments en date du 25 juillet 2006…

Après cette pluie de références chiffrées qui fait quelque peu mal aux yeux, l'usager fébrile, le citoyen égaré, arrive enfin à l'article premier où l'attend cette révélation fracassante :

> Le paragraphe 2 de la sous-section 1 de la section 1 du chapitre IV du titre V du livre VI du code rural est remplacé par les dispositions suivantes :

Non, ce n'est pas une formule chimique ni l'incantation d'une secte initiatique, mais un classique jeu de piste juridique indiquant à quelle section du code vient se substituer le contenu du texte. On devine toutefois la détresse, le désarroi, l'incompréhension de l'éleveur ou du volailler qui doit impérativement prendre connaissance de ce décret, lequel, comme l'indique son titre, est « relatif aux établissements d'abattage de volailles et de lagomorphes non agréés », ce qui n'est pas beaucoup plus clair.

En effet, qui sont donc ces « lagomorphes non agréés » ? Comment se fait-on agréer en tant que lagomorphe, et par qui ? Par quel ministère, direction, sous-direction, bureau, peut-on espérer ce mystérieux agrément lagomorphique ? Est-ce long, est-ce payant, quelles pièces faut-il produire ? Immense angoisse de l'aspirant lagomorphe en quête d'homologation…

C'est là le premier écueil des textes technocratiques : leur mauvaise rédaction, qui égare le lecteur. En l'espèce, ce ne sont pas les volailles et lagomorphes qui doivent être agréés, mais les établissements qui les traitent – de sorte que le titre, en bon français, aurait dû être : « Décret relatif aux *établissements non agréés* d'abattage de volailles et de lagomorphes »…

En clair, ce texte porte sur l'organisation des *tueries*… Qu'on se rassure, le mot s'entend au sens agricole, c'est-à-dire des petits abattoirs artisanaux intégrés à l'exploitation. En termes technoïdes, les EANA – établissements d'abattage non agréés –, par opposition aux gros abattoirs industriels…

Quant aux fameux « lagomorphes », la consultation d'un bon dictionnaire permet de découvrir que ce sont, tout simplement, des lapins… Du grec *lagos* et *morphos,* « en forme de lièvre », ce terme de sciences naturelles désigne l'ensemble des bêtes à longues oreilles dont l'Humanité se repaît depuis des millénaires – et Mme Jourdain fait régulièrement du lagomorphe chasseur ou du lagomorphe sauce moutarde sans le savoir…

C'est le deuxième écueil de la littérature technocratique : le goût des mots obscurs et prétentieux qui, pour donner à la règle une apparence de scientificité, la rend incompréhensible au commun. Dans le cas de ce décret, en outre, le choix du vocable « lagomorphe » est particulièrement critiquable, car ce terme appartient à la zoologie. Or, c'est l'un des plus anciens acquis du droit occidental, remontant aux législateurs de la Grèce antique, que de distinguer entre les lois immuables régissant la nature et les lois humaines régulant la vie sociale. L'air de rien, l'emploi d'un mot zoologique pour définir une catégorie juridique pose un problème de fond, en même temps qu'il introduit une tragique erreur factuelle.

En effet, le nombre d'animaux abattus « ne doit pas dépasser 500 par semaine et 25 000 par an », mais faisons confiance aux cerveaux surchauffés de la technostructure agricole, il s'agit là d'un nombre théorique : « Pour la détermination du nombre d'animaux abattus, les coefficients multiplicateurs suivants, établis pour chaque espèce ou groupe d'espèces en tenant compte de leur poids, sont appliqués à chaque animal, quel que soit son âge ou son sexe : 3 pour une dinde ou une oie, maigre ou grasse ; 2 pour un ragondin ou un canard, maigre ou gras ; 1 pour une pintade, un faisan, un lapin, un lièvre ou une poule ; ½ pour une perdrix ou un pigeon ; ¼ pour une caille. »

Mais laissons le fermier à ses calculs pour savoir, compte tenu de leur coefficient multiplicateur, combien de ces bêtes à poil et à plume il peut effectivement réduire en charpie sans dépasser le quota hebdomadaire théorique de 500 unités, et cherchons l'intrus. Si cailles, perdrix, poules, dindes, canards et oies sont indéniablement des volailles, si lièvres et lapins font de parfaits lagomorphes, le lecteur sourcilleux a la surprise de trouver dans ce texte mention du ragondin, rongeur amphibie du genre myocastor, qui n'appartient zoologiquement à aucune des deux catégories.

Arrivé d'Amérique du Sud au XIXe siècle, le ragondin a rapidement colonisé les zones humides françaises où il s'épanouit joyeusement. De loin, il ressemble à un castor et nage avec la même aisance que lui, quoiqu'il n'ait qu'une queue de rat au lieu de l'appendice caudal plat du castor. Autre différence, plus visible : le ragondin ne bâtit pas de barrages mais, en bon rongeur, creuse des terriers sur les berges, dévastant ainsi les zones humides protégées. C'est pourquoi le ragondin est l'animal sauvage le plus détesté des écologistes, dont il ne partage pas le malthusianisme. Alors que la protection des plus répugnants crapauds pustuleux peut bloquer des chantiers gigantesques, pas de pitié pour le ragondin ! Animal jouisseur et prolifique, il n'est protégé par aucune norme environnementale et c'est donc en toute légalité que, dans le Marais poitevin et les bayous circonvoisins, l'habitude s'est prise de le manger sous forme de pâté. Des bocaux en sont même proposés aux touristes et cette petite activité de transformation vaut au ragondin de figurer très abusivement parmi les « volailles et lagomorphes » du décret n° 2008-1054 du 10 octobre 2008.

Traîtreusement visé par un texte qui, d'après son titre, ne le concerne pas, le ragondin se trouve pourtant menacé des mêmes sévices que les bêtes de petite boucherie, puisque « les animaux abattus doivent être étourdis, saignés, plumés, dépecés et éviscérés partiellement ou en totalité et réfrigérés immédiatement »...

Ainsi donc, nous avons le droit d'éviscérer des ragondins, et nous ne le savions pas. Ce droit, en outre, peut être exercé « par l'exploitant de la tuerie, son conjoint ou le partenaire avec lequel il est lié par un pacte civil de solidarité, un parent ou allié jusqu'au 3e degré inclus, ou un de ses employés », et le lecteur se demande pour quels couples de Fourniret zoophiles a pu être rédigé un pareil article, autorisant d'éviscérer à deux, avec amour et passion du sang, le malheureux ragondin tombé sur de si inquiétants voisins.

Au reste – troisième écueil du technocratisme triomphant –, l'excès de précision embrouille la lisibilité même du droit, puisque rien ne semble définir la marge de manœuvre laissée aux couples ni mariés ni pacsés, c'est-à-dire vivant en union libre, dans l'exercice du droit imprescriptible à l'éviscération de ragondins.

Et pourtant ! Ce décret ragondinicide, incompréhensible à force de précisions et incohérent au plan zoologique, n'est pourtant qu'un infime échantillon de ces normes foisonnantes que produisent les machines technocratiques modernes et qui font, par exemple, que le 14 juin 2018, les poissonnières du Vieux-Port de Marseille furent verbalisées parce qu'elles n'affichaient pas le nom scientifique en latin des poissons qu'elles proposaient aux clients... « Elle est belle ma rascasse », en vertu d'une réglementation européenne, est en effet devenu un cri séditieux : c'est « Elle est belle, ma *Scorpaena scrofa* » qu'il faudrait dire aujourd'hui, ou bien « Elle est belle, ma *Trachyscorpia cristulata echinata* » s'il s'agit d'une rascasse de profondeur et non d'une rascasse rouge...

Ce ne sont donc pas les vieilles lois héritées des régimes passés qui encombrent le plus notre droit et on comprend comme il est insuffisant d'abroger de temps à autre quelques antiquités juridiques pour se donner bonne conscience.

Au fond, il appartient sans doute aux élus mais aussi à leurs électeurs, au citoyen, à la société, de se montrer raisonnables et de ne pas attendre que la plus petite sphère d'activité se trouve réglementée par le menu, jusqu'à l'absurde. Sinon, les normes continueront de proliférer – comme des lagomorphes agréés.

Bibliographie

Les premières sources de cet ouvrage sont les textes juridiques et comptes rendus de séance publiés dans les *Archives parlementaires*, le *Moniteur universel* puis le *Journal officiel de la République française*, ainsi que sur le site officiel Légifrance.

Biographies politiques et parlementaires

[Collectif] *Dictionnaire des parlementaires français 1940-1958* (5 vol. parus), La Documentation Française, Paris, 1988-2005.

Jolly (Jean) dir. *Dictionnaire des parlementaires français de 1880 à 1940* (8 vol.), PUF, Paris, 1961-1973.

Maitron (Jean) dir. *Dictionnaire biographique du mouvement ouvrier français (1789-1864), (1864-1914), (1914-1939)* (44 vol.), Les Éditions Ouvrières, Paris, 1964-1997.

Robert (Adolphe), Bourloton (Edgar) et Cougny (Gaston). *Dictionnaire des parlementaires français*

(1789-1889) (5 vol.), Bourloton Éditeur, Paris, 1889-1891.

Yvert (Benoît) dir. *Dictionnaire des ministres (1789-1989)*, Perrin, Paris, 1990.

Curiosités du droit

[Collectif] *Revue du droit insolite*, Enrick B. Éditions, Paris, 2021.

Battini (Jean), Zaniewici (Witold), *Guide pratique des décorations françaises actuelles*, 5e édition, Lavauzelle, Paris, 2015.

Costa (Raphaël). *Anthologie des jurisprudences insolites. Décisions de justice intrigantes, drôles et curieuses*, Enrick B. Éditions, Paris, 2020.

Lepec (M.) dir. *Bulletin annoté des lois, décrets et ordonnances depuis le mois de juin 1789 jusqu'au mois d'août 1830*, 16 vol., Paul Dupont Éditeur, Paris, 183x-1837.

Renaudie (Théo), Costa (Raphaël). *Curiosités juridiques. Les décisions de justice*, Enrick B. Éditions, Paris, 2020.

Saint-Germain (Philippe). *Les Gaietés de l'Officiel*, Les Quatre Fils Aymon, Paris, 1958.

– *Les Folies de l'Officiel*, La Table ronde, Paris, 1960.

– *L'Officiel en délire*, Éditions du Fuseau, Paris, 1964.

Sassier (Philippe), Lansoy (Dominique). *Ubu loi*, Fayard, Paris, 2008.

Vaublanc (Paul de). *Plage interdite aux éléphants… et autres bizarreries du droit*, Éditions Bréal, Paris, 2010.

– *Ovnis interdits et 101 bizarreries du droit*, Éditions de l'Opportun, Paris, 2019.

Warée (R.). *Curiosités judiciaires, historiques, anecdotiques*, Adolphe Delahays Libraire-Éditeur, Paris, 1859.

NB : Les références des articles et études portant sur un point de droit spécifique sont indiquées en notes de bas de page.

Table des matières

Du même auteur (*suite*) :

Dans les archives inédites des services secrets. Un siècle d'Histoire et d'espionnage français (1870-1989), L'Iconoclaste (2010)
La France rouge. Un siècle d'histoire dans les archives du PCF, Les Arènes (2011)
Petit Dictionnaire des injures politiques, L'Éditeur (2011)
Le Livre des espions, L'Iconoclaste (2012)
Les Frasques de la Belle Époque, Albin Michel (2012)
La Tortue d'Eschyle et autres morts stupides de l'Histoire, Les Arènes (2012)
Le Monde selon Jaurès, Tallandier (2014)
Tour du monde des terres françaises oubliées, Éditions du Trésor (2014)
Secrets d'État. Les Grands Dossiers du ministère de l'Intérieur, L'Iconoclaste (2014)
Les Gastronomes de l'extrême. Du potage de hannetons au rôti de baleineau, les repas des grands voyageurs racontés par eux-mêmes, Éditions du Trésor (2015)
Raccourcis. Dernières paroles stupéfiantes et véridiques devant la guillotine, Éditions Prisma (2015)
Dieu au Parlement. Quand Victor Hugo, Gambetta, Clemenceau, Malraux… parlaient de laïcité, Omnibus (2015)
Le Musée secret de la police, Gründ (2015)
Justiciers, Perrin/Sonatine (2015)
Royaumes d'aventure. Ils ont fondé leur propre État, Les Arènes (2016)
Paris 1880-1910, Les Arènes (2016)
L'Art de retourner sa veste. De l'inconstance en politique, La Librairie Vuibert (2016)
Souvenirs de police. La France des faits divers et du crime racontée par des policiers, collection « Bouquins », Éditions Robert Laffont (2016)
Histoire amusée des promesses électorales, Tallandier (2017)
L'Évêque Cauchon et autres noms ridicules de l'Histoire, Les Arènes (2017)

Mata Hari. Les vies insolentes de l'agent H 21, Gallimard (2017)
Atlas des zones extraterrestres, Arthaud (2017)
L'Affreux du Panthéon, La Table ronde (2018)
Tour du monde à travers la France inconnue, Éditions du Trésor (2018)
Mai 68. L'Envers du décor, Gründ (2018)
Républiquissime. Petites et Grandes Histoires de la vie politique, Armand Colin (2018)
Le Bureau des légendes décrypté, L'Iconoclaste (2018)
Les Guerres stupides de l'Histoire (avec Bruno Léandri), Les Arènes (2019)
L'Incendie du Bazar de la Charité, L'Archipel (2019)
Mes Dossiers secrets. Crimes, faits-divers, espionnage, Flammarion (2019)
Landru. L'élégance assassine, Le Rocher (2020)
La France du temps des républiques, Armand Colin (2020)
La Fille de Napoléon, Les Arènes (2021)

CET OUVRAGE A ÉTÉ COMPOSÉ PAR PCA

Imprimé en France par
CPI BUSSIÈRE (18200 Saint-Amand-Montrond)
en novembre 2021

pour le compte des Éditions J.-C. LATTÈS
17, rue Jacob – 75006 Paris

N° d'édition : 05 – N° d'impression : 2061696
Dépôt légal : septembre 2021
Imprimé en France